中国城市轨道交通 TOD 政策指数报告

（2022）

——聚焦城市治理新路径

李东坤　谢宇航　冯会会
何德文　雷　斌　王永杰　编著

西南交通大学出版社
·成　都·

图书在版编目（CIP）数据

中国城市轨道交通TOD政策指数报告. 2022：聚焦城市治理新路径 / 李东坤等编著. —成都：西南交通大学出版社，2022.12

ISBN 978-7-5643-9090-7

Ⅰ. ①中… Ⅱ. ①李… Ⅲ. ①城市铁路 - 轨道交通 - 交通政策 - 研究报告 - 中国 - 2022 Ⅳ. ①U239.5

中国版本图书馆CIP数据核字（2022）第249009号

Zhongguo Chengshi Guidao Jiaotong TOD Zhengce Zhishu Baogao (2022)
—— Jujiao Chengshi Zhili Xin Lujing

中国城市轨道交通TOD政策指数报告（2022）
——聚焦城市治理新路径

李东坤　谢宇航　冯会会
何德文　雷　斌　王永杰　/ 编著

责任编辑 / 宋浩田
封面设计 / 墨创文化

西南交通大学出版社出版发行
（四川省成都市金牛区二环路北一段111号西南交通大学创新大厦21楼　610031）
发行部电话：028-87600564　　028-87600533
网址：http://www.xnjdcbs.com
印刷：四川森林印务有限责任公司

成品尺寸　170 mm × 230 mm
印张　10.5　　字数　127千
版次　2022年12月第1版　　印次　2022年12月第1次

书号　ISBN 978-7-5643-9090-7
定价　49.00元

前言

PREFACE

改革开放以来，我国城镇化与机动化水平持续快速提高，城市规模不断增大，私人小汽车数量迅猛增长。据统计，2011 年我国城镇人口占比已达 51.27%，城镇人口数量首次超越农村人口数量，标志着我国已从沿袭数千年的传统农村社会阶段转向现代城市社会阶段。到 2021 年末，我国常住人口城镇化率达到了 64.72%，百万人口以上城市数量突破 100 个。与此同时，随着经济的快速发展，中国私家车数量呈现爆发式增长，2000 年中国私人汽车保有量突破 600 万辆，2013 年突破亿辆，到 2021 年年底，中国私人汽车保有量已突破 2.6 亿辆。城市人口规模的快速扩大、交通工具与出行需求的爆发式增长，城市交通供需矛盾日益加剧，以交通问题为代表的“大城市病”日益严重，越来越成为城市社会经济持续发展与城市生活品质提升的制约因素。这也不断考验着城市管理者的治理水平与治理能力。尤其是当前，在国家提倡存量发展，限制城市无序扩张的背景下，探索大型城市治理新路径和寻求满足市民高品质美好生活需求的新方法，成为城市治理的重要使命。

面对城市“做大做强”过程中耕地资源的不断锐减、自然生态超负荷运行、开发建设粗放低效益以及以城市交通拥堵为代表的“大城市病”等现实问题，选择集约紧凑的城市空间发展模式、形成更为合理的城市土地利用方式越来越成为许多城市的发展共识。在此背景下，TOD 模式作为推动形成可持续宜居城市发展的关键空间性路径，受到中国城市管理者的广泛关注。TOD 是指公共交通引导城市发展（Transit-Oriented Development，TOD）的新型城市发展模式。其核心是通过城市交通与土地使用深度融合和一体化，促进形成合理城市结构和用地形态、绿色交通主导的交通结构，从而实现土地集约利用、出行便捷高效的发展目标和实现节能减排、以人为本的美好城市环境。其中运量大、速度快、准点率高、节能环保的城市轨道交通成为 TOD 理念的核心载体和实现城市精明增长的重要方式。但 TOD 综合开发是一项复杂的系统工程，在现行制度体系中面临诸多政策堵点甚至空白。对于城市治理而言，治理手段需要从传统的分区制土地利用管理模式转向综合化、混合性的城市空间配置新模式，其面临的体制机制问题亦不容小觑。

如何通过政策与制度建设来保障城市轨道交通 TOD 模式的顺利实施，是探索形成新型城市治理模式首先需要解决的问题。一些先行城市如深圳、广州、上海等进行了不少政策创新，但现有研究仍缺乏系统性的梳理与总结。对于后发城市，尤其是经济发展水平稳步提升，但与一线城市仍存在较大差距的二、三线城市，如何把握 TOD 模式的政策与制度的核心要求，厘清自身的优势与不足，进而有序展开 TOD 模式的政策准备工作，仍亟需更为科学、全面和直观的政策评价系统作为指导。在此背景下，本课题组基于自身公共管理学科优势、交通公共政策特色方向和相关指数建设的经验，经过近 3 年的研发与反复更新升级，最终形成了“中国城市轨道交通 TOD 政策指数”这一研究成果。该指数研究报告主要包括三大部分：一是基于 TOD 核心内涵、特征与公共政策理论，构建囊括用地保障、综合开发、理念规划、审批协调、市场运用等共计 5 大类 12 项二级指标的中国城市轨道交通 TOD 政策指数体系；二是以 TOD 政策指数体系为评价依据，借助专家打分法和政策文本分析法，结合全国 44 个轨道交通开通城市的相关 TOD 发展现行政策，计算得到各城市轨道交通 TOD 政策指数并进行排名与分析；三是依托中国城市轨道交通 TOD 指数框架与得分，选取典型案例进行政策分析，展示典型城市的主要做法及其主要考量因素。这些成果将为全面评估各城市的 TOD 政策发展水平提供重要参照，有助于各轨道交通城市间基于自身禀赋展开政策学习与政策优化，并进一步推动城市轨道交通 TOD 创新实践与发展，不断提升城市治理水平。

中国城市轨道交通 TOD 政策指数建设之路并不容易，主要面临两大方面的难题：一是 TOD 政策涉及方方面面，各城市政策规定多有不同，如何在统一的框架下，借助合适的方法对其进行量化评估。二是城市 TOD 政策中部分政策文本无法通过公开渠道获得，如何保障样本客体的完整度。在突破这些问题的过程中，本课题组多次向政策评估领域专家和 TOD 实践专家寻求智力支持。在此特别感谢西南交通大学的陈光教授、戴宾教授、周国华教授、何正友教授、彭川宇副教授、王振辉副教授、王路昊副教授、刘鑫副教授和代佳欣副教授，为我们在政策分析方法上提供了许多卓有成效的引导与启发；特别感谢国家发展和改革委员会综合运输研究所交通管理与政策研究室李玉涛主任、西南交通大学（上海）TOD 研究中心的朱晓兵主任与毛华峰总监、成都轨道城市投资集团有限公司王华文副总工程师、四川省交通运输发展战略和规划科学研究院陈斌院长与韩先科副院长、中铁二院工程集团有限责任公司交通与城市规划设计研究院张小强总工程师、重庆市铁路（集团）有限公司王猛总工程师等，为我们在指数框架设计与完善方面提供了重要建议；特别感谢中国城市轨道交通协会的周泽岩、薄纯玉，西南交通大学（上海）TOD研究中心的蓝天在政策文本完善方面提供的大力支持与建议。最后特别感谢给予过我们帮助，无法一一具名的老师与同学们！正是因为有这么多人的付出与努力，这本报告才最终得以呈现在读者面前。

虽然经过了小心论证与反复勘验，但受限于编著者的能力与认知水平，本报告仍难免有不足之处，恳请广大读者给予批评指正，我们将在后续的研究中持续完善。

作　者

2022年10月于成都

目录

CONTENTS

Part one

一、中国城市轨道交通 TOD 政策指数理论与框架

（一）TOD 理念及其核心特征

TOD（Transit-Oriented Development 公共交通导向发展）理念由美国学者卡尔索普（Peter Calthorpe，1993）[①]教授于 20 世纪 90 年代初在美国“新城市主义”运动中提出，旨在解决第二次世界大战后美国过度依赖小汽车而造成的一系列问题：大量城市人口迁移郊区，土地利用效率降低，城市中心地区衰落，城市公共空间支离破碎；职住分离，严重的早晚高峰、单向交通拥挤现象；城市人口分散，大量消耗能源，环境恶化等。1993 年，卡尔索普根据美国城市和区域规划的实际情况，对传统的城市规划原则提出了质疑，他认为传统的规划原则无法解决城市不断低密度向郊区蔓延问题，并提出了新的规划理念——TOD 理念（马强，2009）[②]。

TOD 理念提倡多样化、功能混合、紧凑、适合步行的一种用地模式，在适宜步行的空间范围之内布置满足人们日常生活的设施，以期公共交通体系与土地利用形成协同关系。经过多年的理论探索与实践总结，TOD 理念已经从早期的一种城市社区规划概念逐步转变为一种

① Peter Calthorpe, The Next American Metropolis-Ecology, Community, and the American Dream, Princeton Architecture Press, 49-76.

② 马强. 近年来北美关于“TOD”的研究进展[J]. 国际城市规划，2009，24(S1)：227-232.

特殊的“用地单元”，成为新的城市结构发展模式。斯科特·勒法弗（LefaverScott，1997）[①]提出，TOD就是在交通主干道旁，也就是铁路、公车线路以及公路旁的较高密度的居住功能或者混合功能的土地开发。马龙·宝纳特和兰德尔·克瑞恩（MarlonBoarnet&RandallCrane，1997）[②]将TOD定义为加强对轨道交通站点附近居住用地的开发实践。大卫·萨尔维森（SalvesenDavid，1996）[③]指出其是在一个特定区域内以公交站为核心的土地混合利用的开发行为。汤姆·斯蒂尔（StillTom，2002）[④]认为TOD理念是鼓励居住在混合功能社区中的人们在公共服务及公共设施得到充分满足的情况下，减少对汽车的依赖。2001年加利福尼亚交通局正式提出：TOD是将商业、住宅、就业混合布置于一个公共交通站点附近，且各功能区处于步行范围内，距离适中的高密度的土地利用。他们认为TOD模式鼓励步行交通，也不排斥汽车交通，同时TOD的设计原则是打造利于人们使用公共交通。TOD理念经过近20年的不断发展，已经从早期被视为是一种对城市规划的概念发展为一种混合用地模式，成为一种有别于传统城市发展模式的新型城市基本构成结构（马强，2009）[⑤]。

在TOD相关理论与实践发展过程中，塞弗教授（CerveroRobert，1998）[⑥]提出了TOD理念的3个典型特征，即著名的3D原则：多样化（Diversity）、高密度（Density）和空间设计（Design）。其中，多样化

① Lefaver S. Public Land with Private Partnerships for Transit Based Development[R]. California: The Mineta Transportation Institute, San Jose State University, 1997.

② Boarnet M, Crane R. LA Story: A Reality Check for Transit-based Housing[J]. Journal of the American Planning Association, 1997, 63(2): 189-204.

③ Salvesen D. Promoting Transit Oriented Development [J]. Urban Land, 1996, 55(7): 31-35, 87.

④ Still T. Transit-oriented Development: Reshaping America’s Metropolitan Landscape[J]. On Common Ground: REALTORS & Smart Growth, 2002, winter: 44-47.

⑤ 马强. 近年来北美关于“TOD”的研究进展[J]. 国际城市规划, 2009, 24(S1): 227-232.

⑥ Cervero Robert. The Transit Metropolis: A Global Inquiry[M]. Washington: Island Press, 1998.

（Diversity）体现在土地混合开发方面，其在 TOD 区域内高密度开发住宅、商业、办公用地、绿地及慢行车道等提供满足人们日常需求的公共设施的混合用地模式；高密度（Density）则是土地开发密度高，在站点周边实行高密度的商业、住宅、办公区域开发，以促进对公共交通出行的利用；空间设计（Design）是指宜人的空间组织设计，以步行为核心的空间组织、宜人的街道、舒适的公共空间、建筑尺度的多样性能有效提高公共交通的吸引力（陈莎，2008）①。2008 年塞弗教授（CerveroRobert，2008）②在原有 TOD 规划“3D”原则基础上增加了“2D”，即距离（Distance）和目的地的可到达性（Destination Accessibility）。后来，国内学者对美国情景下的 TOD 理念及其模式进行了拓展，张明（2007）③认为高密度开发是 TOD 最基本的特征，即通过高密度的开发来增加土地使用效率，遏制城市无序蔓延，并且可以为公共交通提供必要的客流量，激发商业活力。同时结合我国台北、香港和上海的开发经验，提出适合中国城市特征的 TOD 规划和设计原则——5D 平方模型，包括级差密度（Differentiated Density）、港岛式区划（DockizedDistrict）、豪华设计（DeluxeDesign）、多样选择（DiverseDestination）、涨价归公（DistributedDividends）。吴纲立（2009）④在台湾地区高雄市及深圳宝安的 TOD 规划与城市设计中进一步提出了特色和差异性（Distinction）。TOD 的内涵与特征不断拓展。

① 陈莎，殷广涛，叶敏. TOD 内涵分析及实施框架[J]. 城市交通，2008, 6(6): 57-63.
② CerveroRobert, MurakamiJin. Rail+Property Development: A Model of Sustainable Transit Financeand Urbanism[R]. Research Report, Institute of Urbanand Regional Development, University of Californiaat Berkeley, 2008.
③ 张明. 适合中国城市特征的 TOD 规划设计原则[J]. 城市规划学刊，2007 (1)，91-96.
④ 吴纲立. 永续生态社区规划设计的理论与实践[M]. 台北詹氏书局，2009.

（二）TOD政策主要作用方式

TOD开发模式的重点仍是混合用地布局、高强度开发与公共空间营造，其核心是交通发展与土地利用的一体化。由于交通规划、交通建设、土地开发、城市规划等涉及多个政府部门和多元市场主体，所以TOD开发模式本身具有天然的跨部门、跨主体协作特征，这就决定了城市轨道交通TOD开发是一项极为复杂的系统工程。推动这一工程的落地，在现行制度体系中面临诸多政策堵点甚至空白。比如，城市轨道交通TOD开发模式要求城市轨道建设与周边土地开发形成一体化联通，并在推进节奏上保持一定的同步性，这意味着轨道交通规划要与国土空间规划以及多种专项规划形成有效融合。但由于轨道交通线网规划、用地控制规划、建设规划、国土空间规划以及专项规划的编制权分散在多个政府部门，在编制节奏与考量因素上面临诸多差异与拉锯，从而使多规合一面临现实政策困境。又比如，城市轨道交通站点周边 500~800 m 范围内土地多属于区域内核心高价值地块，在多主体参与过程中，如何在区县政府、城市轨道交通建设企业、民营开发企业等主体中进行权利划分与利益共享以形成有效激励，仍需要政策的引导与保障。实际上，城市轨道交通TOD开发模式的顺利实施亟需地方政府在规划、建设、运营的各环节中进行政策创新并提供制度保障，从而提升城市轨道交通TOD项目的可实施性、价值增值和可持续发展能力。

政策是政府通过对各种政策工具的设计、组织搭配及运用而形成的。因此，政策由理念变为现实必须依靠各种政策工具，这些工具就是实现政策目标的手段。分析政策的框架离不开工具性的视角，通过工具性视角有助于理解政府是如何有目的地影响政策过程。而最具有经典性与操作性的是 RothwellRoy 和 ZegveldWalter（1981）[①]的分类方法。他们将基本政策工具划分为三类：供给型政策工具、环境型政策工具和需求型政策工具。从而将复杂的政策过程进行了降维处理，具有显著的维度内聚合效度与维度间区分效度，同时又具备较强的目标针对性与内容指导性，在政策研究中得到十分广泛的应用（张雅娴和苏竣，2001[②]；谢青和田志龙，2015[③]）。其中，供给型政策工具主要是指政府通过直接的资金、人力、技术等相关要素的供给对政策目标产生影响；需求型政策工具则着重通过刺激市场繁荣或者重构新的市场，降低市场风险，从而拉动相关市场健康、快速、和谐发展。环境型政策工具更多表现为一种外部因素的影响和渗透作用，通过创造良好的内外部友好型环境，以一种潜移默化的持续间接影响发挥作用。综合来看，供给型政策工具主要表现为对 TOD 发展的推动力，需求型政策工具更多地表现为对 TOD 市场需求的拉动力，而环境型政策工具对 TOD 发展更多起到的是间接影响的作用（图 1-1）。这也成为我们建立 TOD 政策分析框架的理论基础与起点。

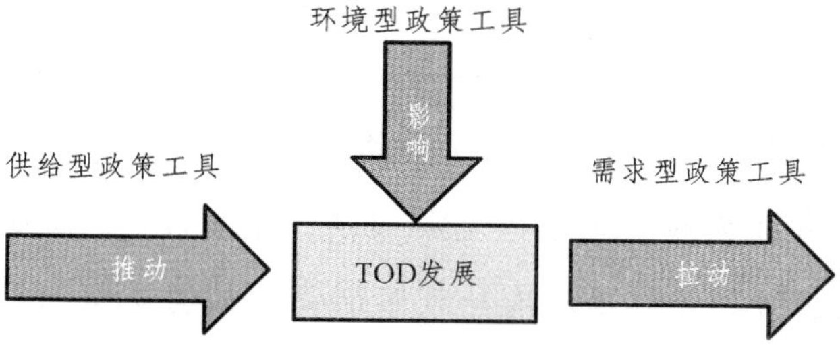

图 1-1　TOD 政策的主要作用方式

① Rothwell R, Zegveld W. Industrial Innovation and Public Policy: Preparing for the 1980s and 1990s[M]. London: Frances Printer, 1981.

② 张雅娴，苏竣. 技术创新政策工具及其在我国软件产业中的应用[J]. 科研管理，2001(4): 65-72.

③ 谢青，田志龙. 创新政策如何推动我国新能源汽车产业的发展——基于政策工具与创新价值链的政策文本分析[J]. 科学学与科学技术管理，2015, 36(6): 3-14.

(三)TOD 政策指数总体框架

TOD 政策可通过将供给型政策工具、需求型政策工具和环境型政策工具作用于 TOD 开发，来促进 TOD 模式的落地实施。对于 TOD 开发而言，最重要的要素资源是土地，即 TOD 开发相关的土地储备、土地供给以及与之紧密相连的土地开发分级、容积率提升、土地权属确认等。由此，对于 TOD 政策而言，供给型政策工具即可进一步表述为政府通过用地供应、容积率奖励、产权支持等相关政策，为城市轨道交通 TOD 发展所需的土地保障、综合开发等提供直接有效的政策支持（见表 1-1）。

表 1-1　城市轨道交通 TOD 供给型政策工具基本构成

<table>
<tr><td rowspan="5">供给型政策工具</td><td rowspan="2">土地保障</td><td>土地储备</td></tr>
<tr><td>土地优惠</td></tr>
<tr><td rowspan="3">综合开发</td><td>站点分级分类</td></tr>
<tr><td>容积率</td></tr>
<tr><td>立体开发</td></tr>
</table>

对于 TOD 开发而言，环境型政策工具主要体现在两大方面五个层次上。一方面为理念规划，主要包括三个维度：一是政府对 TOD 开发理念的引导，尤其是政府从政策层面是如何认识和看待 TOD 模式以及如何对其进行定位；二是政府对于 TOD 开发所涉多类规划进行融合的指导与要求，进而从城市规划层面为 TOD 落地提供切实可行的政策依据；三是能否建设形成比较完备的 TOD 政策体系，尤其是形成从实施意见、实施细则到专项规划为一体的系统化支撑保障体系。另一方面为审批协调，主要包括两个层次：一是政府协调机制的

构建，即如何高效协调多部门多元利益主体的关系；二是政府在审批流程上的优化，以简化TOD开发过程中的审批环节，提升审批效率。最终，通过环境型政策工具的运用，提升TOD开发的内外部环境友好度（见表1-2）。

表1-2　城市轨道交通TOD环境型政策工具基本构成

环境型政策工具	理念规划	理念认知
		规划融合
		体系完善
	审批协调	审批流程
		协调机制

在城市轨道交通TOD政策中，需求型政策工具更多表现为鼓励TOD综合开发中对市场机制的引入与应用，主要包括两个层次：一是在参与主体上，鼓励多元市场主体（尤其是民营企业）参与、合作；二是在合作模式上，对不同类型主体的合作进行规制与区分。通过需求型政策工具的运用，理想的结果是发挥市场机制的优势，引导TOD综合开发形成多元主体优势互补、权责利优化分配布局，促进TOD综合开发市场健康快速发展（见表1-3）。

表1-3　城市轨道交通TOD需求型政策工具基本构成

需求型政策工具	市场运用	参与主体
		合作模式

因此，本书的指数框架如图1-2所示。

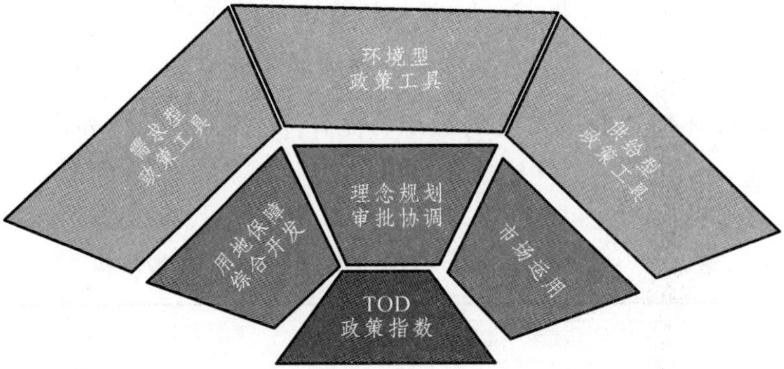

图 1-2　中国城市轨道交通 TOD 政策指数的总体框架

（四）TOD 政策指数应用场景

TOD 理念为越来越多的城市所接受。对于开通轨道交通的城市而言，TOD 理念更是成为其运营与发展的重要手段。但在实践中，国外 TOD 开发模式难以直接复制到国内，而国内轨道交通先行城市的 TOD 发展经验仍需总结提炼，大多轨道交通后发城市还处于 TOD 的摸索起步阶段。TOD 模式自身发展的复杂性、不确定性进一步使许多新兴轨道交通城市望而却步、浅尝辄止。如何保障 TOD 开发模式的顺利落地，不仅是城市轨道交通集团、开发商、设计公司等市场主体关注的焦点，更是城市经营者——地方政府关注的重大问题。其中是否以及如何给予 TOD 开发更具针对性与有效性的政策组合成为越来越多地方政府关注的焦点问题。但目前城市轨道交通 TOD 相关学术研究与指数测度多侧重于技术层面，鲜少涉及政策方面的内容。本书中的中国城市轨道交通 TOD 政策指数将试图回应上述需求。通过构建涵盖土地保障、综合开发、理念规划、审批协调、市场运用等五大维度指数衡量体系，有助于全面评估各城市轨道交通 TOD 政策发展水平，为地方政府评估自身 TOD 政策优势与不足提供参考，同时还将通过细分指标、指数排名、案例分析等方式，展现当前轨道交通城市的政策探索实践图景。这不仅有利于城市之间基于自身禀赋展开政策学习与政策优化，助力推动城市轨道交通 TOD 综合开发模式的真正落地与发展，还将为社会资本选择 TOD 相关的投资区域、方向提供参考，并进一步推动城市轨道交通 TOD 综合开发领域内的政策创新与实践发展。

Part two

二、中国城市轨道交通 TOD 政策指数构成与数据方法

（一）TOD 政策指数指标构成

中国城市轨道交通TOD政策指数对于具体指标的选取主要遵循如下流程：首先，梳理TOD综合开发相关的国内外理论与文献，分析确立轨道交通TOD综合开发的核心特征、要素及其对应的政策需求，形成基础理论框架。其次，梳理中国城市轨道交通TOD综合开发优秀案例，总结中国城市轨道交通TOD发展特征、面临的制约与突破方向，细化指标体系。最后，搜集城市轨道交通TOD相关政策文本，进行阅读、分类、比较，结合实地访谈资料迭代，形成最终的指数框架。中国城市轨道交通TOD政策指数按照框架结构设计形成了囊括供给型政策工具、环境型政策工具、需求型政策工具三大方面5大维度，共计12个二级指标的层次体系。其具体指标及说明如下。

1. 用地保障

TOD综合开发的核心是土地一体化综合开发。TOD综合开发首先要求对站点周边的土地进行统一管控。实际中由于城市轨道交通站点周边的土地大多是各区（县）或镇（街）的黄金地块，因此土地统一管控能否实现以及实施效果如何有赖于地方政府的政策支持，尤其是

相关政策能否明确土地储备的规模、范围以及给予一定的土地优惠。这部分主要包括两个二级指标。

（1）土地储备。

土地储备主要从三个方面进行评价：一是相关政策是否涉及土地提前储备，一般来说越早进行土地储备，越有利于城市轨道交通站点周边土地的一体化设计与开发，政策的支持力度也就越大；二是储备的规模，即政策能否明确土地储备的数量、范围以及分级分类等。一般来说，政策对于土地储备规模与范围的规定越明确，其落地实施的可能性越高，在明确土地储备规模的基础上进一步对土地储备进行分级分类，政策的实施力度将更大；三是政策是否涉及远期土地储备以及对已批未建土地收储的相关规定。由于城市轨道交通建设存在较长周期，一些线路从规划到建成往往需要几年的时间，因此轨道交通站点周边的土地若不能及早进行储备，很有可能大大提升后续进行站点一体化设计与综合开发的难度与成本。与此同时，很多轨道交通站点周边的土地所处区域开发相对成熟，一些土地在进行TOD一体化规划之前即完成出让，如何对这部分土地进行规定也变得十分重要，由此而言，考虑站点周边土地储备的近期与远期规划，并能对范围内已批未建土地做出规定的城市政策力度也更大。

（2）土地优惠。

土地优惠指是否存在储备土地上市过程中给予拿地企业一定程度的优惠政策。这种优惠政策的实施力度从低到高可分为：土地使用规费减免——土地价格优惠（按未建轨道交通时的价格或按照一定比例优惠）——土地作价出资——多种优惠政策组合。通过土地优惠政策，可以激发企业进行TOD开发的热情，大力推动TOD开发进程。

2. 综合开发

在土地上市之后，即可进入综合开发阶段。在综合开发阶段，仍需地方政府政策的供给与支持，其主要包括以下三个方面的内容。

（1）站点分级分类。

TOD站点综合开发到底要达到什么样的程度？不同站点TOD综合开发项目之间如何进行差异化协同，从政策层面明晰这些问题将大大提升TOD综合开发的效率与差异化，促进TOD可持续发展。因此，政策层面是否对站点进行分级分类、是否明确站点分级分类的具体标准与要求、是否基于站点分级分类开展一体化设计，将成为区分政策强度大小的重要标准。

（2）容积率。

高强度开发是TOD综合开发的核心特征之一，其最为直观的体现是TOD区域容积率的适度提升。但由于城市容积率的划定标准主要与城市所处的气候区、物业类型、楼层数量等有关，并按照总建筑面积与建筑用地面积之比进行计算，而与是否处于TOD区域没有直接关系，因此要实现TOD区域 范围内容积率提升往往需要城市容积率政策的相应调整与特殊规定。具体而言，是否对交通周边或特定地段容积率有额外奖励、是否制定TOD站点周边容积率的专门规定、是否能够根据城市一体化设计方案合理设定不同类型的TOD容积率水平，将成为区分城市政策强度的主要标准。

（3）立体开发。

TOD综合开发的另一核心标准即是混合开发。这就要求不同类型的业态可以在同一地块内合理共存，体现在土地规划与产权确认上则要求分层开发与分层确权。但在实际操作中，同一地块往往整体转让，而产权确认也多以整个地块为单位进行，因此要实现混合开发，就需要政府给予政策支持。其中，是否允许分层开发、分层确权登记、是否给予一定的分层开发价格优惠（尤其是地下空间）、是否确定 TOD 立体复合开发的标准与要求、是否形成地上地下空间一体化规划设计将成为政策实施强度的重要衡量标准。

3. 理念规划

城市轨道交通 TOD 综合发展模式在很多城市仍是新兴事物，政策理念的有力引导有助于更好推动各方达成 TOD 发展共识，并通过规划融合形成政策保障，是 TOD 综合开发过程中的重要环境型因素。具体而言，主要包括以下三个方面的内容。

（1）理念认知

TOD 开发模式首先需要突破理念认知，进而影响其行为。在理念认知方面，尤为重要的是，地方政府如何看待轨道交通与用地乃至城市发展的关系，这将为城市发展轨道交通 TOD 奠定总基调。具体而言，根据其发展阶段进行划分，轨道交通与城市发展的关系认知从初级到高级主要体现为五个层次：开发导向的城市轨道交通设施优化—注重轨道建设与周边连接，而非周边开发—“轨道交通+土地物业”的土地开发模式——TOD 综合开发作为优化城市空间开发与品质提升的重要方式——TOD 综合开发作为城市运营理念。

（2）规划融合

TOD 综合开发要求轨道交通规划、国土空间规划以及多类专项规划间的融合。由于轨道交通线网规划、用地控制规划、建设规划、国土空间规划以及多类专项规划的编制权分散在多个政府部门，在编制节奏与考量因素上存在显著差异，因此要实现多规合一，必然要求地方政府在政策规划层面予以引导与确认。根据轨道交通规划和国土空间规划等规划间的关系以及融合程度，将其划分为如下五个层次：轨道交通规划纳入城市国土空间规划，与其他城市专项规划相衔接——轨道交通规划纳入城市国土空间规划，据此编制TOD综合开发策略和（或）TOD综合开发专项规划——轨道交通规划纳入城市国土空间规划，同步编制TOD综合开发策略和TOD综合开发专项规划，启动控制性详细规划编制或调整——轨道交通规划纳入城市国土空间规划，同步编制TOD综合开发策略和TOD综合开发专项规划，线路工程可行性研究报告与沿线综合开发方案同步编制——轨道交通规划与城市国土空间规划同步编制，同步编制TOD综合开发策略和TOD综合开发专项规划，线路工程可行性研究报告与沿线综合开发方案同步编制、同步实施。

（3）体系完善。

政府政策目标的实现依赖于多方面政策的有机协作，进而形成由若干既有区别又相互依存的要素构成的具有特定功能的有机整体，达到“整体大于部分之和”的效果。在城市轨道交通TOD综合开发过程中，政策配置是否合理，是否形成系统化体系，将直接影响政策的实施效果。而完善的政策体系意味着不仅包括TOD综合开发实施意见、实施细则与技术导则，还要包括一体化设计、审批、消防等体系化的配套政策文件。由此，是否包括核心政策，是否包括配套政策以及配套政策的数量，将成为评价政策体系完善性的重要衡量标准。

4. 审批协调

TOD综合开发过程中涉及大量的跨部门协调与合作，流程复杂，难度巨大，需要形成相应的审批流程优化机制与跨部门合作机制来进行保障。

（1）审批流程。

TOD综合开发过程十分繁杂，手续众多。审批程序的优化将为TOD

综合开发提供良好的内部环境，有助于提升效率，增强TOD综合开发的吸引力。在审批流程方面，是否有相应的“绿色通道”、提升审批效率的原则或方式（比如并联、预审等）、一定的审批部门保障（比如专人、专门服务机构、纳入考核系统等）或者“特事代办”“一事一议”等专项服务方式，将形成评估审批政策强弱的重要衡量标准。

（2）协调机制。

在TOD综合开发过程中，比较常见的协调方式是建立相应的领导小组（或类似组织）。这种治理机制拥有独特的组织结构与权力结构，其有助于高效集中行政资源、处理跨部门公共事务。在此过程中，领导小组的权威、地位及其对资源的整合号召能力主要取决于领导小组中领导成员的职级职务。为此，可根据城市是否存在综合开发领导小组以及小组组长的行政级别来评价城市协调机制的协调能力与效率。

5. 市场运用

在TOD综合开发过程中，由于土地储备、轨道交通建设、土地开发等环节涉及地方政府、轨道交通集团、开发商、设计单位等政府、国有企业与民营企业多元主体，涉及多重利益协调。在此过程中，能否充分发挥各主体优势，形成良好的合作格局，需要政策加以引导，尤其是需要在市场主体准入与合作模式上有所作为。具体而言，主要包括以下两个方面的内容。

（1）参与主体。

TOD综合开发具有天然的多主体参与特征，但在实际开发过程中，一些地方政府希望TOD开发能够更多地反哺轨道交通建设资金，从而将TOD综合开发收益通过一定的方式进行“锁定”，进而对民营企业的参与设置门槛或者限制条件。这种方式可能导致TOD综合开发的效率、效果大打折扣。从引导TOD市场健康发展的维度来看，鼓励多主体参与仍是主流方向。据此，可基于是否有鼓励民营企业或其他市场主体参与的规定、规定的翔实程度以及是否有优惠政策等来进行评价。

（2）合作模式。

多主体之间的合作模式，尤其是市场主体通过怎样的方式参与进入TOD综合开发过程，也是引入市场手段的重要内容之一。一般而言，明确多主体合作模式，给予民营主体同等的市场合作地位，推动多主体形成权责利优化分配格局，既是重要方向，也是评估这一政策的重要依据。

（二）TOD政策指数分析方法

如何通过政策文本的量化研究，规范测量政策文本中的若干重要特征变量，进而发现隐藏于文本背后的政策选择及其变迁规律，是政策量化分析的核心内容。政策内容量化分析方法是一种半定量的研究方法，通过将政策文本中非量化的、非结构化的信息转化为定量的数据，建立有意义的类目以分解政策文本内容，并以此来分析政策文献的某些特征（黄萃等，2015[①]）。本报告主要采用政策文本分析法和专家评分法来对43个样本城市的TOD政策文本进行量化评估。

1. 政策文本分析法

政策文本分析作为一种比较纯粹的文本定量分析范式，旨在通过对原始政策文本的内容解读，总结归纳某些规律性现象或特点。使用政策文本分析法可有效识别文档中的主题，通过略读和精读文档来剖

① 黄萃，任弢，张剑．政策文献量化研究：公共政策研究的新方向[J]．公共管理学报，2015，12(2)：129-137.

析其对外传递的政策立场（Baker等，2016①；Thorsrud，2020②）。

在文本分析法中，与形式特征相比，文本的内容特征要更加复杂，话题、语气与遣词造句等诸多因素都可能直接导致文本的语义差异。内容特征是文本数据中非结构化程度较高的部分。通过对文本内容特征的描述性分析，可以进一步了解文本背后反映的复杂语义与倾向性，也可以进一步了解不同文本（语义结构）间的相互关系（黄萃和吕立远，2020③）。由于TOD政策的形式特征差异性较小，而内容特征差异性大，因此本研究主要采用基于文本内容这种更难、但更为准确的文本解析方式。

在具体操作过程中，根据中国城市轨道交通TOD政策框架体系，利用先验知识首先完成专家样本标注，利用标注样本开展团队内部学习。由于相关文本分析软件对于非结构性语义分析的结果存在较大偏差，研究团队最终采用依托部分机器分析结果，开展人工统一标注、交叉审核，进而从中提取每个城市在土地保障、综合开发、理念规划、审批协调和市场运用5大层级12个指标的文本主题信息，完成对文本内容的完整解构。

2. 专家打分法

（1）专家评分法的主要内容。

专家打分法是一种对定性描述进行定量化转化的方法。在具体实施过程中，本报告首先根据TOD相关理论与核心影响因素，将TOD政策按照5大层次12大指标的评价体系进行分类，再根据各指标的内涵及要求制定5级评价标准，然后聘请领域内10位代表性专家对评价指标进行

① Baker S R, Bloom N, Davis S J. Measuring Economic Policy Uncertainty [J]. Quarterly Journal of Economics, 2016, 131(4): 1593-1636.
② Thorsrud L A. Words are the New Numbers: A Newsy Coincident Index of Business Cycles [J]. Journal of Business & EconomicStatistics, 2020, 38(2): 393-409.
③ 黄萃，吕立远. 文本分析方法在公共管理与公共政策研究中的应用[J]. 公共管理评论，2020, 2(4): 156-175.

权重打分，确定各指标权重值，并经多轮反馈、讨论和综合，最终形成一致的评价标准与指标权重，在此基础上计算各城市TOD政策指数得分。

（2）专家评分法的主要步骤。

运用专家评分法进行评分的步骤：

① 选择专家：选取熟悉TOD领域、具有较高权威性和代表性的多领域专家。在充分考虑专家个体对评估结果的影响与评价成本、同时保证项目评估结果拥有满意的可靠性的基础上，选取涵盖轨道交通集团公司、轨道交通规划设计研究院、TOD咨询公司、开发商、高校及研究院等相关交通政策分析专家、TOD规划专家、交通运输规划专家、TOD实操专家、轨道交通TOD与交通公共政策研究领域教授专家等共计10人。

② 确定权重：10位专家在互不影响的情况下，根据指标体系及其指标说明，独立对各指标的相对重要性进行判断，并确定各指标权重，五大层级指标权重之和为1。

③ 划分等级：专家评估每个指标并确认划分其具体等级，为各等级赋予定量数值，用于判断城市TOD政策相关指标的不同表现及其所占等级。本报告将TOD政策各指标划分为5个等级，由低到高按照1、2、3、4、5打分。

④ 调整优化：将专家评分进行综合整理，借助专家意见协调程度、专家意见集中程度等指标来对专家打分情况进行评估。对存在较多分歧的指标进行分析同时做进一步专家意见征询。在调整完善的基础上，开启新一轮专家打分。如此往复，直到专家意见达成基本一致。在此过程中，专家意见协调程度、专家意见集中度主要通过变异系数、Kendall协调系数等计算得到。

变异系数的计算公式为

$$V_i = \sigma_i / x_i$$

其中 σ_i 为 i 指标评分的标准差；x_i 为 i 指标评分的算术平均值。V_i 与专家意见协调程度和专家意见集中程度成反比，即 V_i 越小，专家意见协调程度与专家意见集中程度越高。

Kendall 协调系数的计算公式为

$$W = \frac{12}{m^2\left(n^3 - n\right)}\sum_{i=1}^{n} d_i^2$$

其中 m 为专家总数；n 为指标总数；d_i 为第 i 个指标所对应的等级评分的和与所有指标等级评分和的算术平均值的差值。协调系数 W 与专家意见协调程度成正比，即 W 越大，专家意见协调程度越高。

⑤ 计算指数得分：将 12 个指标权重与对应的等级分别相乘，求出 12 个指标得分。然后根据对应层次加总得到 5 大层次指标，在此基础上，结合 5 大层次指标得分与对应权重相乘，加总得到对应城市 TOD 政策指数的得分。

表 2-1 为中国城市轨道交通 TOD 政策指数构成及权重

表 2-1　中国城市轨道交通 TOD 政策指数构成及权重

一级指标	权重	二级指标	权重
用地保障	0.23	土地储备	0.65
		土地优惠	0.35
综合开发	0.20	分级分类	0.30
		容积率	0.40
		立体开发	0.30
理念规划	0.20	理念认知	0.25
		规划融合	0.45
		体系完善	0.30
审批协调	0.19	协调机制	0.55
		审批流程	0.45
市场运用	0.18	参与主体	0.50
		合作模式	0.50

（三）TOD政策指数数据来源

本报告对TOD政策文本的筛选遵从如下原则：一是与TOD直接相关的“总体指导性政策”，例如关于轨道交通场站综合开发的实施意见、轨道交通场站综合开发实施细则、轨道交通场站地区规划管理办法、轨道交通场站周边用地管理办法等；二是与TOD直接相关的“技术实施型政策”，例如轨道交通TOD范围土地容积率调整工作方案、轨道交通场站TOD技术指引、轨道交通站点一体化城市设计导则、轨道交通站点周边土地与空间复合利用管理规定、轨道交通站点周边土地专项储备与规划控制管理办法等；三是不直接针对TOD发展，但从产权制度改革、投融资体制、管理体制机制等角度对TOD实际运作影响重大的“制度体制性政策”，例如城市轨道交通条例、轨道交通发展专项资金管理办法、轨道交通周边国有土地使用权作价出资实施办法、地下空间开发利用管理办法、轨道交通建设和TOD综合开发领导小组议事规则等。当然，也有一些城市TOD政策是上述三类政策导向的结合体。根据以上原则，本书筛选收集了2021年12月31日之前处于有效期（或没有明确标注有效期）的城市层面TOD政策文本共计200余份，其中核心政策文本140份[①]（具体政策文本名称见附录一），形成本文已开通轨道交通（主要关注地铁）的43个城市的TOD政策文本库。

遵循公开性、权威性、相关性原则，本研究的样本资料主要来源于公开的数据资料，主要包括政府网站、行业门户网站等，并通过回溯、关联检索扩大搜索范围。与此同时，由于一些城市部分TOD政策文本虽可搜索到相应政策名称，但无法获得对应文本，本报告主要通

① 需要特别说明的是，有些核心政策文本虽然已过有效期，但在实践中，因尚未有新的政策出台或未出台相关公告进行修正或延期执行，原则上还是照旧执行。当然，为了限制这类政策文本的无限使用，本报告以政策文本有效期到期后五年为限。

过城市轨道交通协会、相关咨询公司、轨道交通集团公司等渠道获取。而对于通过上述渠道均无法获取的资料或城市关于政策名称及内容均不公开的资料，不进入本报告的政策文本库。

Part three

三、中国城市轨道交通 TOD 政策指数总体排名与分析

（一）城市总体排名

借助上述数据与方法，计算得到 43 个轨道交通开通样本城市的 TOD 政策指数。总体上看，城市间 TOD 政策指数得分存在显著分化格局。50%的城市 TOD 政策指数得分低于 1.7，在平均值以下；得分在 2 以下的城市占比达到了 69.77%，而得分在 3 以上的城市占比仅为 6.98%。由此可见，TOD 政策指数分布并不均衡，偏度（偏态系数）明显大于 0，全样本的 TOD 政策指数呈现出右偏态格局（见图 3-1）。

具体来看，成都、东莞的 TOD 政策指数均在 4 以上，分别达到了 4.334 和 4.243，位居 43 个样本城市的第一、第二位。在前 10 位城市中，除了广州、上海两个一线大城市，其余城市诸如武汉、贵阳、福州、苏州、重庆、宁波等均处于二线新兴发展城市行列。这表明，新兴轨道交通城市在 TOD 政策方面表现更为积极、主动，也更倾向于通过政策手段推进城市轨道交通 TOD 模式发展。究其原因，主要有两个方面：一是与发展比较成熟的城市相比，二线新兴城市拥有更多的可开发土地，在推动实施 TOD 综合开发过程中拥有更大的可规划实施空间；二是与市场运作机制发展更为成熟、市场主体力量比较强大的超大型城市相比，二线新兴城市虽然拥有较大的市场运作空间，但总体

而言其市场机制并不十分成熟，市场主体力量不够强大，因此面对复杂度高、风险大且又与城市发展密切相关的 TOD 模式，这些城市更倾向于通过政策工具发挥引导作用。从目前发展趋势上看，郑州、合肥、佛山、南宁等城市越来越重视政策在推进 TOD 综合开发中的重要作用，并在政策制定方面取得诸多突破（见图 3-2）。

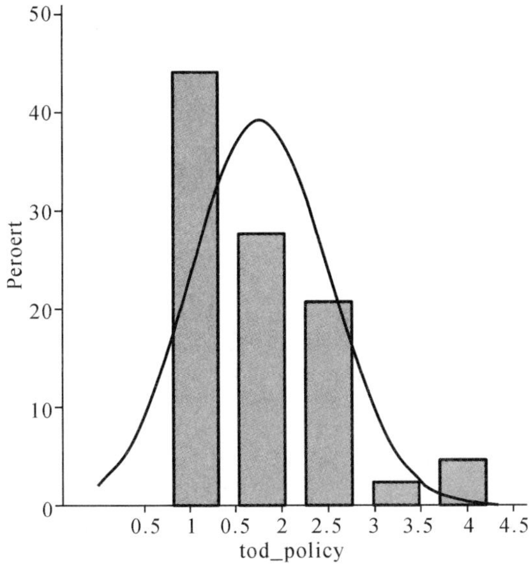

百分比	百分位数
1%	1.06
5%	1.08
10%	1.09
25%	1.21
50%	1.68
75%	2.407
90%	3.04
99%	4.334
均值	1.7748
标准差	0.7336
偏度	1.8906
峰度	7.1811

图 3-1　TOD 政策指数分布及其描述性统计特征

深圳虽然是轨道交通 TOD 开发模式的先行城市，在探索阶段亦出台了较多支持性政策，但自 2005 年后深圳 TOD 政策基本停滞，原有的大多数政策已过有效期，致使其政策指数得分较低。广州、上海近年来的 TOD 政策力度有所提升，尤其是广州市近年来陆续出台了《广州市人民政府办公厅关于印发推进轨道交通沿线物业综合开发实施意见的通知》《广州市轨道交通场站综合体建设及周边土地综合开发实施细则》等文件，为城市轨道交通 TOD 发展提供了重要支撑。

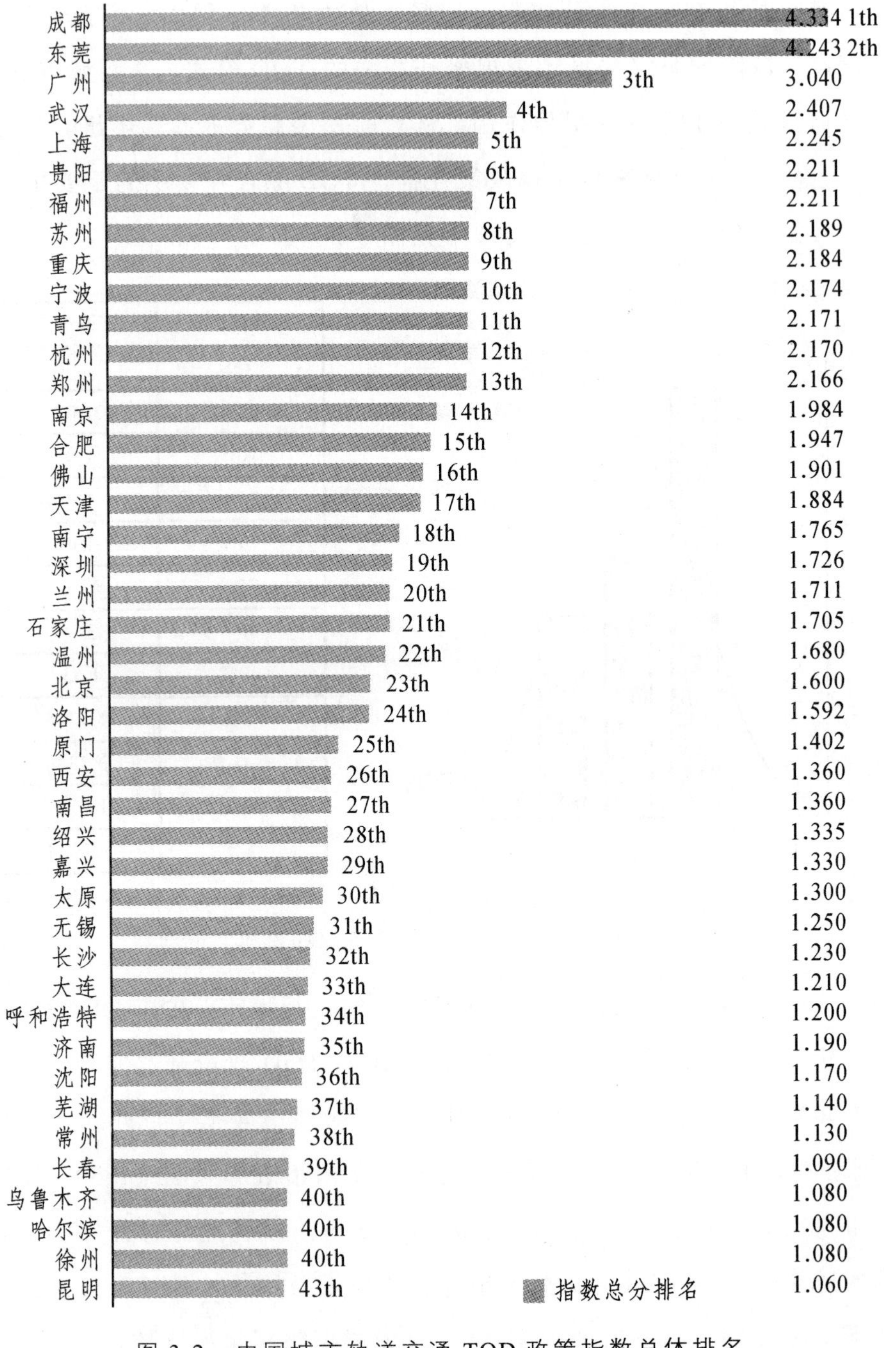

图 3-2　中国城市轨道交通 TOD 政策指数总体排名

另一方面，新兴城市之间的 TOD 政策指数表现也存在明显分化。同样开通运营一条城市轨道交通线路的东莞市和乌鲁木齐市，其 TOD 政策得分相差了近 3 倍。TOD 政策指数排名的后十位城市，均为二、三线城市。通过绘制 TOD 政策指数与城市地区生产总值（GDP）、城市人口规模的相关关系图，可明显看出 TOD 政策指数与城市经济发展水平、城市人口规模呈正相关关系（见图 3-3）。总体而言，城市经济发展水平越高、城市人口规模越大，城市的 TOD 政策指数也越高，从而也在一定程度上解释了具有上述特征的新兴二线城市的 TOD 政策指数相对较高的现象。

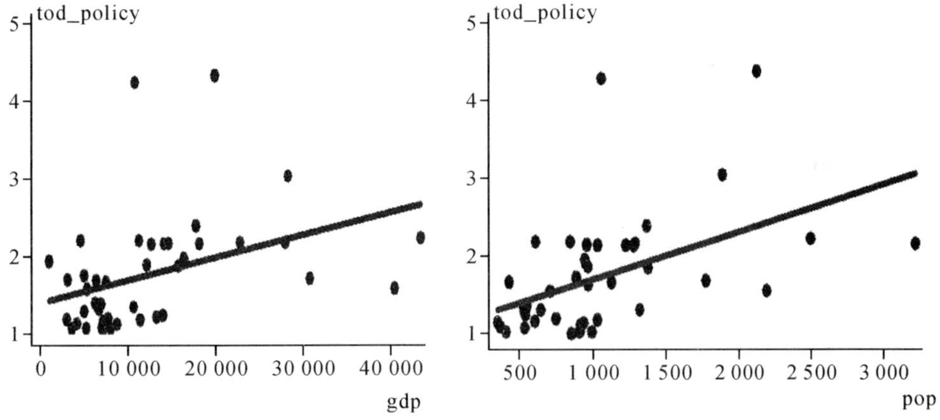

图 3-3 中国城市轨道交通 TOD 政策指数与 GDP、人口规模的关系

（二）成网城市与未成网城市排名

政策的出台往往是对现实需求的一种回应。考虑到轨道交通不同发展水平的城市，其 TOD 政策需求存在差异，一般而言，轨道交通线网相对比较完善的城市，其有更多的动力与需求进行 TOD 综合开发。而一个城市轨道交通是否成网（一般认为轨道交通线路在 3 条及以上

的城市即为轨道交通成网城市），将在一定程度上反映城市轨道交通发展水平。为此，本报告将43个样本城市分为两大类：成网城市（轨道交通线路3条及以上的27个城市）和未成网城市（轨道交通线路3条以下的16个城市），并分别进行排名，以反映城市轨道交通发展水平差异与TOD政策之间的关系。

总体来看，TOD政策指数与城市轨道交通运营里程呈正相关关系（见图3-4）。轨道交通的运营里程越长，TOD政策指数越高，这进一步表明成网城市与非成网城市间存在显著差异。具体而言，通过对两组数据的描述性分析，可以看出成网城市的均值更大，方差更小，达到的TOD政策指数最大值更大，从而在总体上表明成网城市伴随着轨道交通运营线路的增加，对TOD综合开发的诉求，不断上升，也更倾向于通过政策手段推动TOD模式的发展与落地，从而成网城市的TOD在政策指数总体较高（见图3-5）。

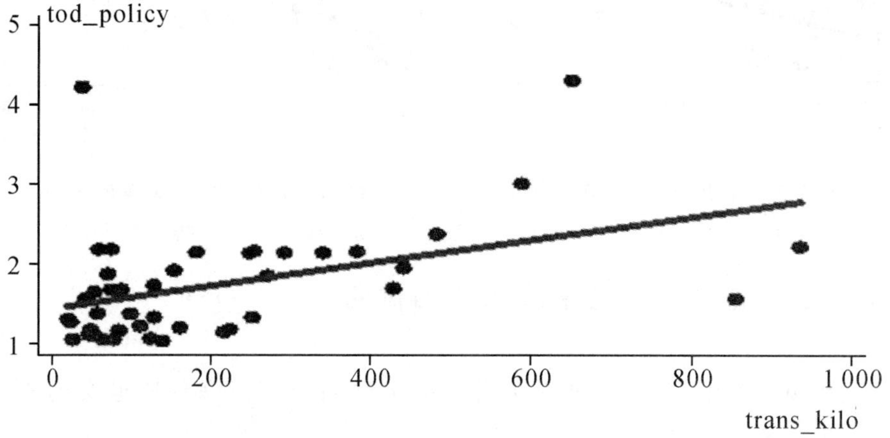

图3-4 中国城市轨道交通TOD政策指数与城市轨道交通运营里程的关系

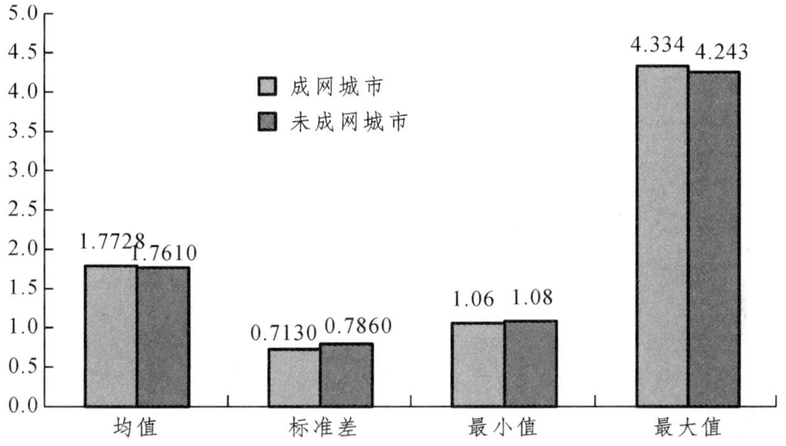

图 3-5 中国城市轨道交通 TOD 政策指数成网城市与未成网城市的差异

从成网城市来看，新兴城市成都、重庆等西部地区城市，武汉、郑州等中部地区城市，宁波、青岛、杭州等东部沿海城市进入前十（见图 3-6）。其中处于西部地区的成都与重庆表现亮眼，可能的原因一方面是这两个城市轨道交通在近年来均得到较快发展。截止 2021 年 12 月 31 日，成都市轨道交通运营里程为 557.8 千米，重庆市轨道交通运营里程为 369.5 千米，分别位居我国开通运营城市轨道交通 51 个城市中的第 4 位和第 9 位。伴随成渝地区双城经济圈建设正式被确立为国家重大发展战略，成渝地区加快建设“轨道上的都市圈”以及综合交通网络的国家“第四极”，成都与重庆均拥有巨大的轨道交通发展潜力，同时也拥有推进 TOD 综合开发的巨大需求；另一方面，成都与重庆市同处西部地区，市场开放度与市场主体量级仍处于快速培育阶段，亟需政府给予政策支持与推动；同时成渝地区双城经济圈建设的重大机遇也为成渝优惠政策、赶超政策的制定实施提供了平台支持与诉求。中部地区城市武汉市与郑州市均为全国重要的交通枢纽城市，近年来这两个城市的轨道交通发展也是十分迅速，截止 2021 年 12 月 31 日，武汉市轨道交通运营里程为 478.6 千米，郑州市轨道交通运营里程为 206.4 千米，分别位居我国开通运营城市轨道交通 51 个城市的第 5 位和第 15 位。武汉市政府、郑州市政府不仅在推动中欧班列等对外通道方面的态度十分积极，在发展城市内部交通，尤其是依托城市轨道交通发展城市的诉求也十分强烈，从而在 TOD 政策的推进上力度较大。东部地区宁波、青岛、杭州等城市的 TOD 政策指数表现突出，近三年均有较大力度的 TOD 核心政策出台，为本区域 TOD 模式的发展提供了重要保障。

广州、上海的政策表现也比较好。作为经济发达、市场相对成熟的超大城市，广州、上海更加鼓励引入市场主体及其多主体合作模式，同时在践行 TOD 理念方面也更为精细化，比如在线网规划融合、容积率标准制定、地上地下一体化开发等方面均有比较明确与细致的规定。深圳虽然很早就开始 TOD 开发模式探索，初期也出台了有力的政策支持，其土地作价出资等方式成为后发城市学习的榜样。但近年来，因为深圳原有政策过期、新政策尚无接续，深圳 TOD 政策指数得分较低（见图 3-6）。

未成网城市中，排名前五的城市为东莞、贵阳、福州、兰州、温州（图 3-7）。其中东莞目前开通运营的城市轨道交通线路仅有 1 条，运营里程为 37.8 千米。但自东莞地铁 2 号线于 2016 年 5 月 27 日正式开通运营以来，东莞即开启了轨道交通站点 TOD 综合开发的相关政策研究，在此过程中陆续出台《东莞市轨道交通站场地区规划管理办法》《东莞市轨道交通站点周边土地专项储备管理办法》《东莞市轨道交通站场周边土地综合开发及站场综合体建设实施细则》《东莞市轨道交通站场 TOD 与 TID 规划研究技术指引（试行）》《东莞市轨道交通 TOD 范围土地容积率调整工作方案》等大量与 TOD 综合开发直接相关的政

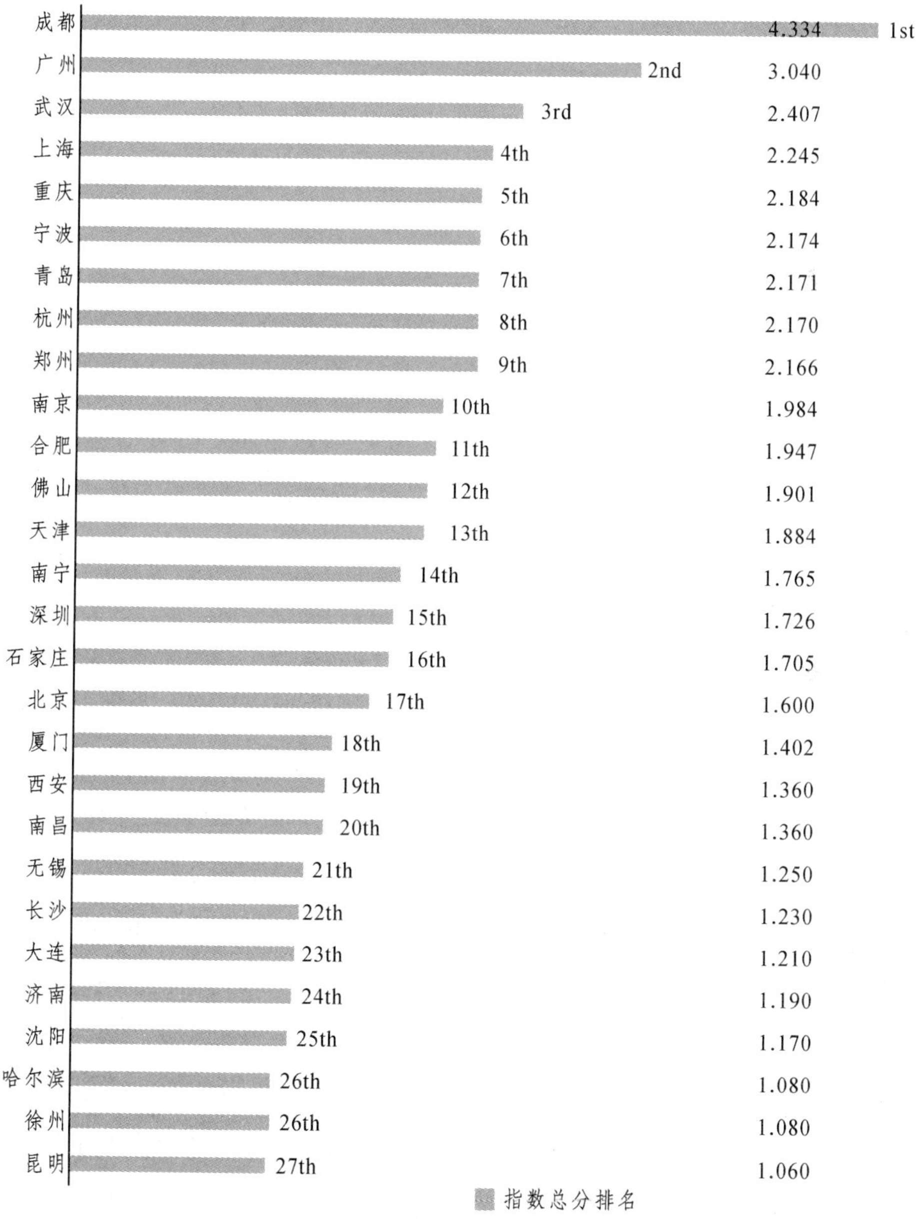

图 3-6　中国城市轨道交通 TOD 政策指数成网城市排名

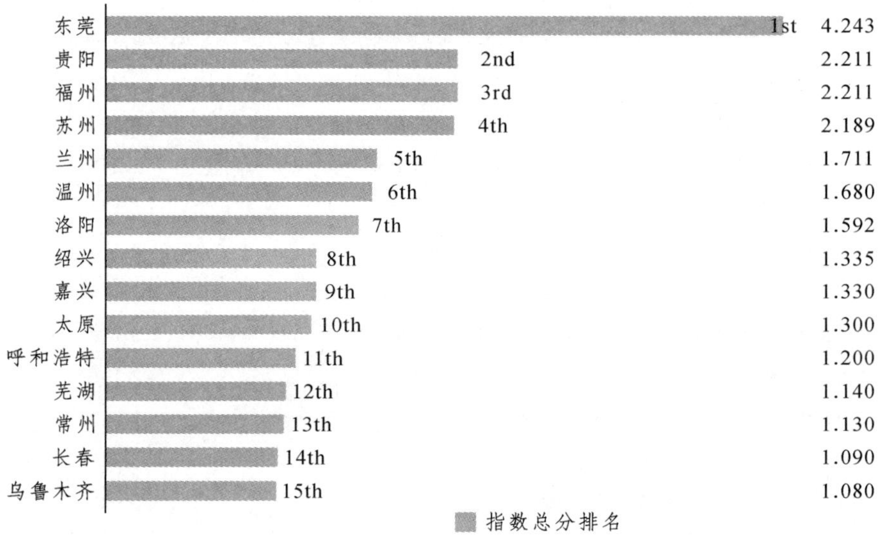

图 3-7 中国城市轨道交通 TOD 政策指数未成网城市排名

策文本，为东莞市伴随轨道交通建设开展同步一体化 TOD 规划及开发提供了重要保障，因此东莞市 TOD 政策指数得分比较高。紧随其后的贵州和福州目前开通运营了 2 条轨道交通线路，兰州、温州开通了 1 条轨道交通线路。总体来看，未成网城市间 TOD 政策指数的分化较大，一些城市在轨道交通线路开通运营伊始就开启 TOD综合开发模式的探索，并借鉴先行城市经验，出台一系列保障 TOD 落地的政策，实现城市轨道交通与 TOD 开发同时推进。另一些城市对 TOD 发展尚处观望状态，这一方面是因为城市本身的轨道交通线网尚不完善；另一方面则更多的是对 TOD 发展模式、落地实施路径及其可能收益的不确定性，尚处于学习、观摩阶段，未实质性开展 TOD 综合开发的一系列政策先行活动。但从当前发展趋势来看，越来越多的轨道交通新兴城市对 TOD 的热情越来越高涨，也更倾向于实现轨道交通与 TOD 综合开发的一体化推进。

（三）基于轨道交通线网运行时间排名

一个城市的轨道交通 TOD 政策指数与城市可开发用地规模密切相关。但由于城市发展阶段不同，城市自身可开发用地规模存在巨大差异。TOD 理念自 20 世纪 90 年代进入中国，但直到 2015 年之后才被越来越多的城市所接受，因此一些轨道交通先行城市的轨道交通建设、城市开发均早于 TOD 理念的接受时间，从而导致这些城市在 TOD 模式实践过程中面临十分严峻的可开发用地限制，难以进行一体化设计与开发。而新兴城市的轨道交通建设、城市大规模开发与 TOD 理念接受时间大体一致或略微滞后，从而这些城市更容易在轨道交通建设较早阶段就借助大规模可开发用地展开 TOD 政策研究与实践探索，因此也拥有更高的 TOD 政策指数。考虑到可能存在的因轨道交通建设运营时间早晚而产生的显著指数排名差异，本研究报告将全样本 43 个城市划分为三个类型进行分别排名：轨道交通运营时间在 5 年以下（一般认为轨道交通运营 5 年及以上，才会相对比较成熟）；轨道交通运营时间为 5~10 年；轨道交通运营时间在 10 年以上。

轨道交通运营时间在 5 年以下的城市，其轨道交通发展基本处于 TOD 理念已被广泛认识与深入理解的阶段，因此这些城市往往也对 TOD 理念的认同度和关注度比较高，但其中部分城市还面临轨道交通建设运营经验不足等核心问题，所以这一类型的轨道交通城市在 TOD 政策得分上会存在较大程度的分化：经济基础比较好或轨道交通运营经验相对丰富的城市，更倾向于着手 TOD 综合开发，充分利用轨道交通建设运营与 TOD 开发同时序的优势，出台较为丰富的政策，从而推动城市 TOD 综合开发格局的形成。其中东莞、贵阳、福州、合肥、南宁等城市就属于这一类。经济基础相对比较弱或轨道交通运营经验不足，以及 TOD 综合开发所需的土地、政策、资金和主体等核心要素准备不足的城市，更倾向于持谨慎观望态度，将主要精力放在轨道交通运营上，同时对 TOD 开发模式保持关注。如芜湖、常州、徐州、乌鲁木齐等城市便可以归入此类（见图 3-8）。

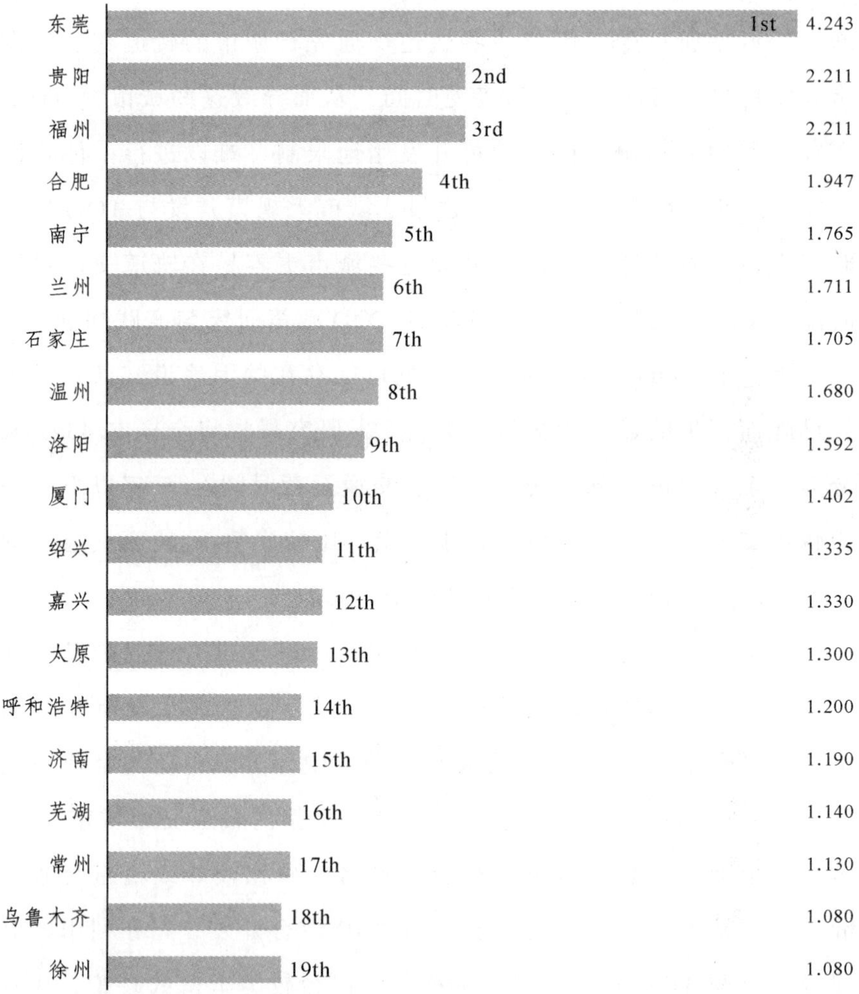

图 3-8　轨道交通开通 5 年以下城市 TOD 政策指数排名

轨道交通运营时间为 5~10 年的城市，其轨道交通发展与 TOD 理念在国内的传播时间基本同步。近年来随着TOD理念大火，这些具有一定轨道交通建设、运营经验，同时也具有比较强烈的城市发展需求的城市，拥有进行TOD开发的巨大潜力。但与此同时，由于TOD模式的复杂性、不确定性，这些城市大多比较谨慎，结合先发城市的成功经验，开始有针对性地出台一些TOD政策进行尝试，目前苏州、宁波、青岛、杭州、郑州等城市均取得了一定进展（图3-9）。

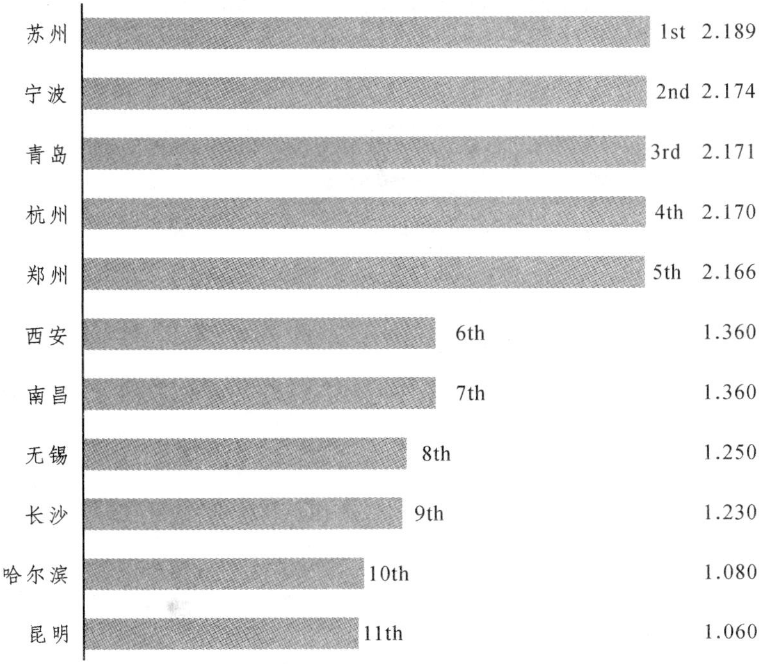

图3-9 轨道交通开通5~10年城市TOD政策指数排名

轨道交通运营时间在10年以上的城市，其轨道交通发展大多伴随着TOD理念在中国的起步与快速发展以及走向成熟的整个或较长阶段，如深圳、上海、北京等对于TOD理念的实践探索与理论总结，直接促进并推动了TOD理念在中国的进一步深入发展，为TOD理念逐渐上升为城市发展模式做出了重要贡献。在TOD政策方面，一些TOD

先行城市虽然在前期提供了很好的标杆和样本，但后续随着城市开发的逐渐成熟，可开发用地减少，市场主体力量增强等因素，政府在其中扮演的角色逐渐弱化，对于 TOD 的推动力度下降；与此同时，那些轨道交通运营里程长、运营时间长、正处于城市扩张阶段、有较强城市发展野心的轨道交通城市，更倾向于乘上 TOD 模式的东风，带动城市高质量发展，也更愿意加大政策出台力度，探索整合多方主体力量，形成更具效率的 TOD 政策推进模式，比如成都、武汉、重庆等（见图 3-10）。

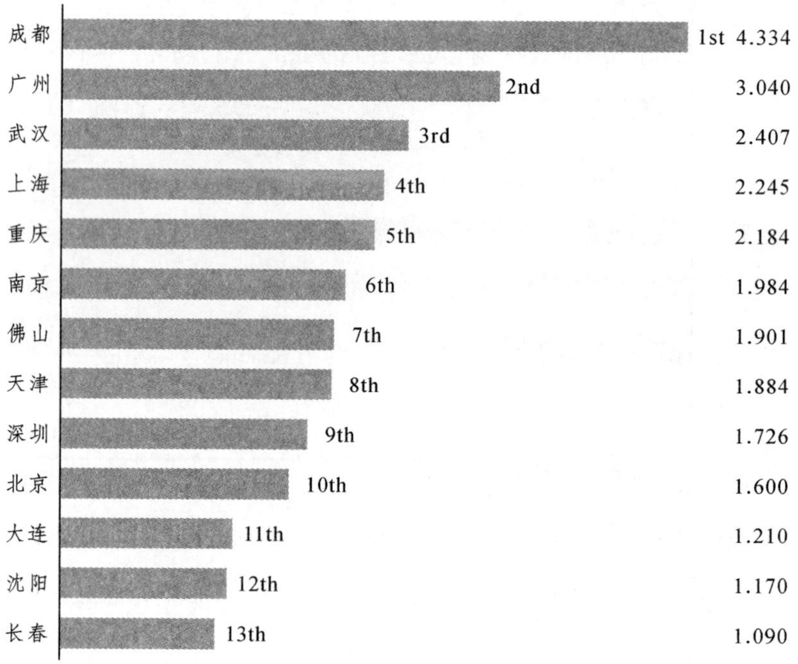

图 3-10　轨道交通开通 10 年以上城市 TOD 政策指数排名

Part four

四、中国城市轨道交通 TOD 政策指数分项排名与分析

（一）用地保障政策指数排名与分析

“用地保障”指数由“土地储备”“土地优惠”两个二级指标加权得到，满分为 5 分。其中“土地储备”权重为 0.65、“土地优惠”权重为 0.35，体现了土地储备对城市轨道交通 TOD 开发的重要性。

1. 用地保障政策指数

图 4-1 为中国城市轨道交通 TOD 政策“用地保障”政策指数排名，其中，成都市排名第一（得分 3.65）、东莞市排名第二（得分 3.60），兰州、佛山、青岛等 5 个城市（得分 2.70）排名紧跟其后，而昆明、乌鲁木齐、哈尔滨等 19 个城市的用地保障指数仅为 1.00。从用地保障指数各城市得分分布情况来看，43 个样本城市中尚未出现 4 分以上的城市，3~4 分的城市占比仅为 4.65%，大多数城市用地保障指数得分为 1，占 43 个样本城市的 44.19%（见图 4-2）。由此可知，有相当数量的城市 TOD 用地保障政策不够完备，需进一步发展完善。

2. “土地储备”分项指标

图 4-3 为中国城市轨道交通 TOD“土地储备”和“土地优惠”政策指数，其中，东莞市排名第一（得分 3.25），成都排名第二（得分

2.60），苏州排名第三（得分 1.95），其次为兰州、上海、南昌等 17 个城市（得分 1.30），厦门、合肥、南宁等 23 个城市的土地储备指数得分仅为 0.65。

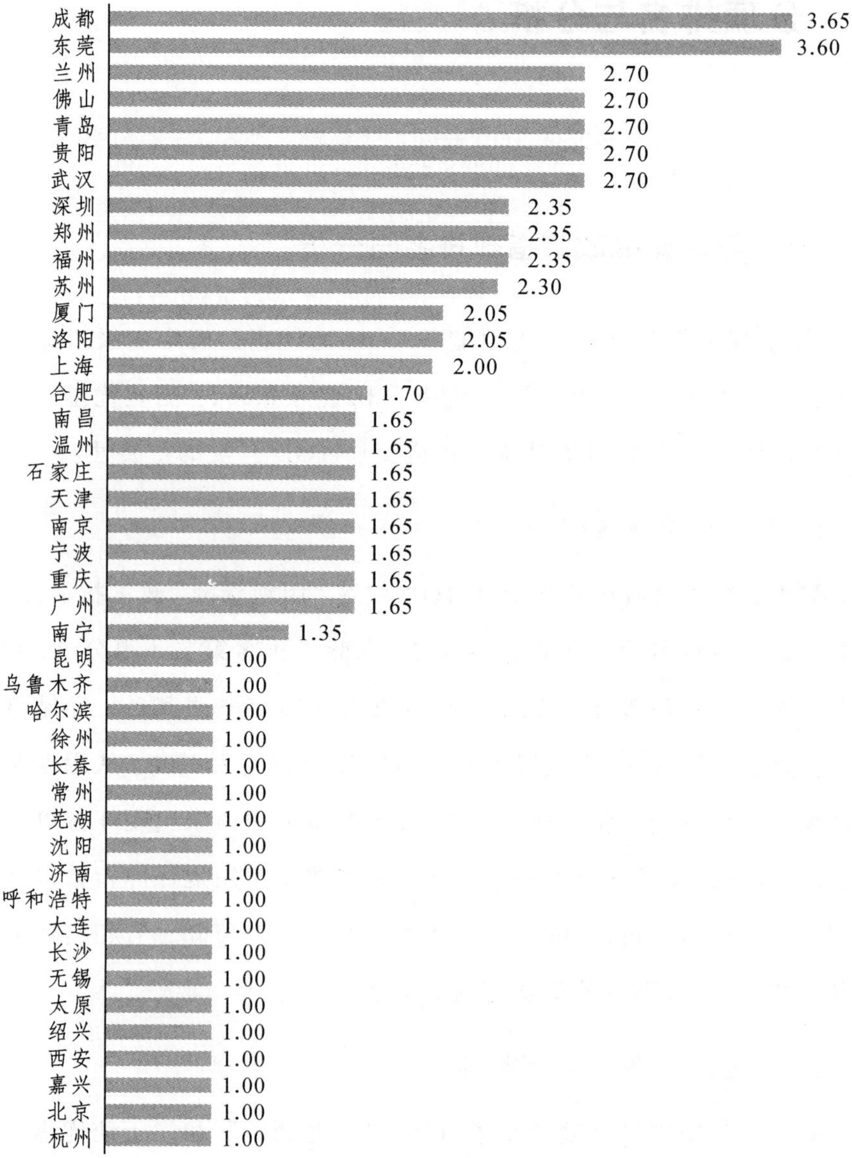

图 4-1　中国城市轨道交通 TOD 政策“用地保障”政策指数排名

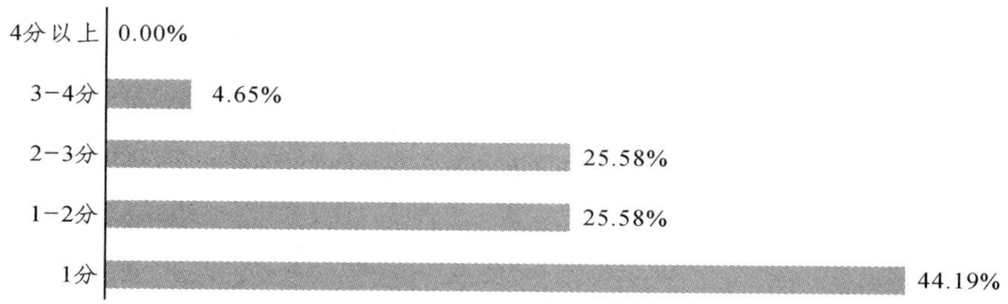

图 4-2 中国城市轨道交通 TOD 政策用地保障指数各城市得分分布情况

在具体城市表现上，东莞明确提出了轨道交通站点周边土地储备与储备土地前期开发范围，即城际轨道交通站点周边 800 米半径、城市轨道交通站点周边 500 米半径范围内，轨道交通站点周边土地收储，原则上以宗地为单位实行连片整体收储。同时出台的《关于创新体制机制加快轨道交通建设发展的若干意见》还提出对与 TOD 地区控制性详细规划有严重冲突的项目，已办理用地批准的，可根据法定程序收回土地使用权，并对原土地使用权人给予适当补偿。成都市的土地收储，不仅明确了具体范围或亩数，还进行分级分类，同时对于涉及远期规划的土地收储方式也进行了规定，土地收储的力度强、范围广。

兰州、上海、南昌等城市在相关文件中也提出了土地收储，但均比较笼统。如《兰州市轨道交通管理条例（草案修改稿）》（2021）提出，轨道交通及配套设施建设用地由市自然资源主管部门根据轨道交通规划列入年度土地利用计划和土地供应计划。

3. “土地优惠”分项指标

图 4-3 中，兰州、佛山、厦门、洛阳等 7 个城市排名第一（得分 1.4），成都、深圳、合肥等 5 个城市位列第二（得分 1.05），之后为上海、南宁（得分 0.7），而东莞、苏州、南昌、昆明等 29 个城市的土地优惠指数仅为 0.35。

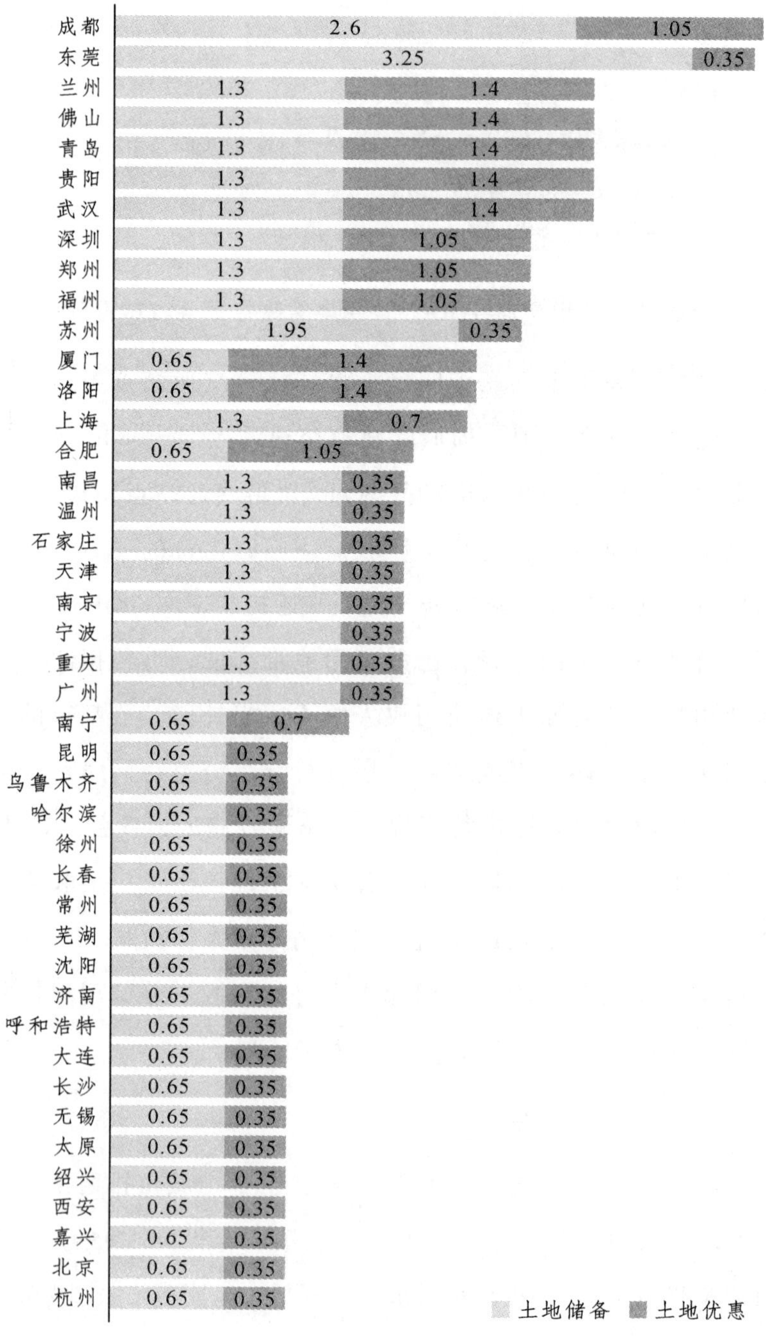

图 4-3　中国城市轨道交通 TOD“土地储备”和“土地优惠”政策指数

兰州、佛山、武汉、厦门等城市用于城市轨道交通 TOD 的土地可作价出资，并可用于转让、出租、抵押和其他经济活动。成都、深圳、合肥等城市提出土地价格优惠，一般按未建轨道交通时的价格或按照一定比例优惠。上海、南宁仅笼统提到部分土地使用规费减免。

昆明、乌鲁木齐、哈尔滨等 19 个城市的土地储备政策指标与土地优惠政策指标均较低，排名靠后（见图 4-3）。截至 2021 年年底，这些城市没有或仅笼统提到土地收储，也无明确土地优惠政策，对于城市轨道交通 TOD 开发最为基础的土地保障工作也尚未开展，表明这些城市大多处于轨道交通 TOD 尚未起步或刚刚起步阶段。

（二）综合开发政策指数排名与分析

综合开发政策指数由“站点分级分类”“容积率”“立体开发”三个二级指标加权得到，满分为 5 分。其中“容积率”权重最高，为 0.40，“站点分级分类”“立体开发”权重均为 0.30，体现了城市轨道交通 TOD 模式注重高密度开发的特征。

1. 在综合开发政策指数

图 4-4 为中国城市轨道交通 TOD“综合开放”政策指数排名，其中，成都市排名第一（得分 5.0），东莞市位于第二（得分 4.4），重庆、贵阳排名紧随其后（得分 2.8），其次为武汉、广州（得分 2.7），而长春、济南、石家庄 3 个城市的综合开发指数得分仅为 1.0，排名较为靠后。从综合开发指数的各城市得分分布情况来看（见图 4-5），43 个样本城市中，得分 4 分以上的城市仅占 4.65%，72%的城市综合开发指数得分为 1~2.5，其中得分 1~2 分的城市得分占比最大（48.84%），即总体上 43 个样本城市的轨道交通 TOD 综合开发政策指数得分较低，处

于均值以下。

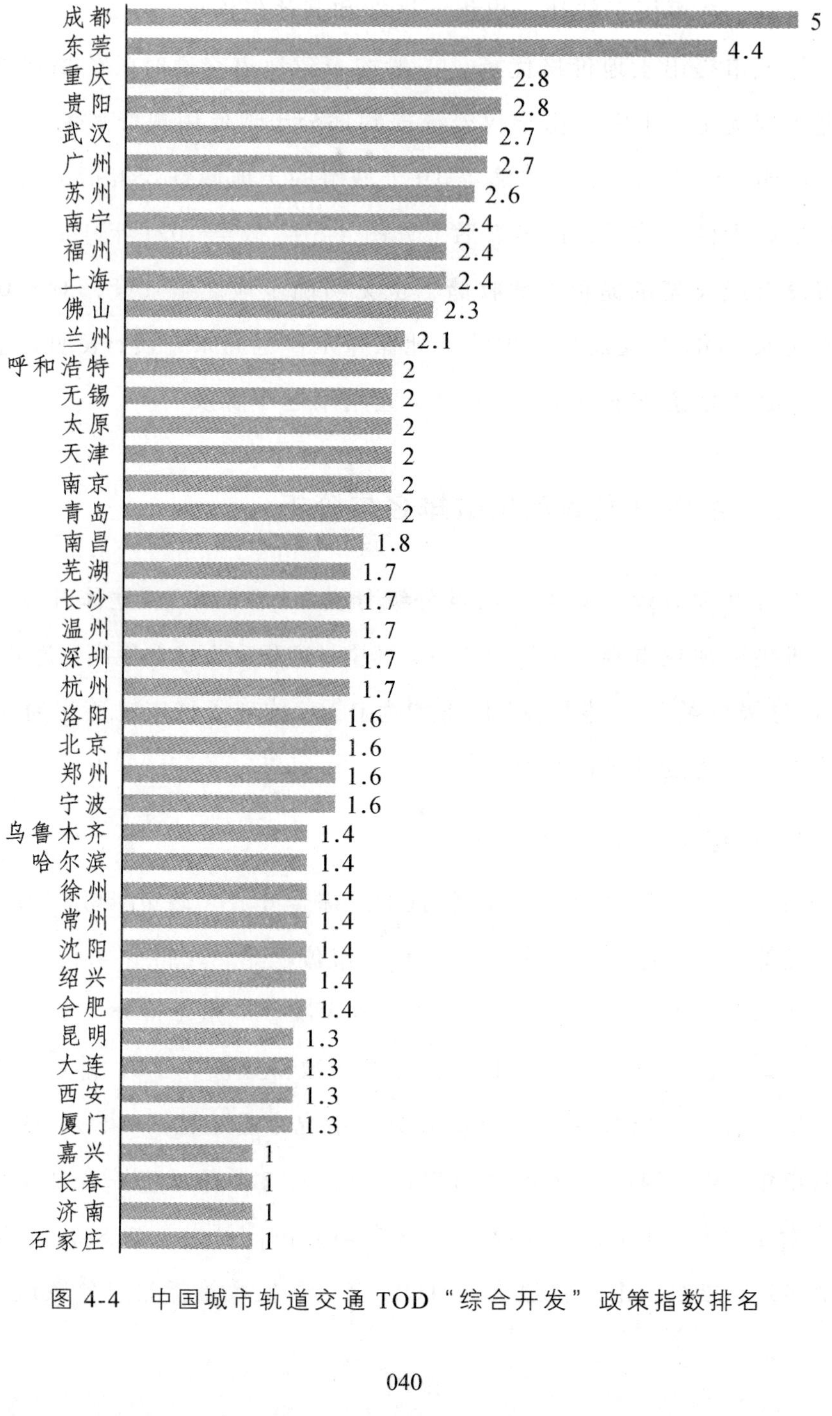

图 4-4　中国城市轨道交通 TOD“综合开发”政策指数排名

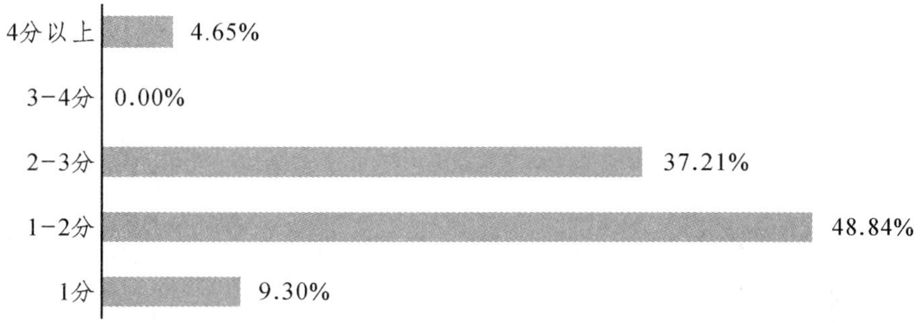

图 4-5　中国城市轨道交通 TOD“综合开发”政策指数分布情况

2. “站点分级分类”分项指标

图 4-6 为中国城市轨道交通 TOD“综合开发”政策细分指标得分情况，其中，成都市排名第一（得分 1.5），东莞排名第二（得分 1.2），其次为武汉、佛山、佛山等 5 个城市（得分 0.9），而贵阳、福州、兰州、南昌、洛阳、郑州等 29 个城市的站点分级分类指数仅为 0.3。从站点分级分类指数值的分布来看，得分在均值以上的城市仅有 7 个，占 43 个样本城市数的 16.28%，而指标得分处于最低档的城市数量达到 29 个，占比达到 67.44%。由此可知，有相当数量的城市无明确的 TOD 分级分类政策。具体政策方面，成都市提出分级分类和具体标准，并进行站点一体化设计。《成都市轨道交通场站综合开发专项规划》（2018）将综合开发站点分为四级（城市级、片区级、组团级及一般站点）和五类（商圈核心型、交通枢纽型、综合中心型、产业社区型、生活服务型），规定要落实轨道交通场站一体化城市设计、地上地下空间统筹规划实施。东莞市将 TOD 划分为枢纽型、市域级城市型、片区级城市型、镇区级城市型、社区型，且明确各级各类的具体标准与要求。

3. “容积率”分项指标

图 4-6 中，成都、东莞排名第一（得分 2.0），重庆、贵阳明第二

（得分1.6），其次为武汉、广州、南宁、福州、上海、兰州、南昌7个城市（得分1.2）。从容积率指数值的分布来看，得分处于均值以上的城市达到11个，占比25.58%。即这些城市的容积率水平高于全国标准，并依据站点或交通周边特定地段给予容积率奖励，能够更好满足TOD综合开发过程中的高密度要求。具体政策方面，《成都市轨道交通场站综合开发用地管理办法（成办发〔2021〕53号）》提出城市级站点开发建设用地容积率指标以城市设计方案合理性确定，区域级、组团级、社区级站点100 m范围内开发建设用地容积率指标可在现有规划管理技术规定基础上适当上浮，区域级站点上浮比例不超过20%，组团级、社区级站点上浮比例不超过10%，并结合轨道交通场站一体化设计确定地块具体容积率指标。《东莞市TOD范围土地与空间复合利用管理规定（试行）》（2020）提出不同片区的建筑密度政策，TOD核心区范围内建筑密度绝对值可进一步提高10%~20%，TOD控制区范围建筑密度绝对值可进一步提高0~10%。当建筑首层部分空间或裙楼屋顶作为城市公共空间使用时，建筑密度可按照公共空间面积占净用地面积的比例进一步提高，最高不超过20%。重庆市对TOD站点周边容积率有专门规定且高于国家标准。如《重庆市轨道交通TOD综合开发实施方案》（2020）鼓励核心区节约开发、功能混合，在确保区域内开发规模总量控制的前提下，将容积率向站点核心区转移，核心区容积率原则上不低于3.0。贵阳市对TOD站点周边容积率有专门规定且高于国家标准，如《贵阳市城市轨道交通国有土地作价出资及综合开发项目实施细则》（2020）提出用作商业、商务用途的综合开发，容积率、建筑密度、建筑限高等规划指标按照灵活性原则，不设限，规划设计条件结合规划方案、控制性详细规划调整论证确定；用作“商业商务+住宅”等功能混合开发的地块，规划可按“三变规则导则“中的规划指标控制一览表执行。

4. “立体开发”分项指标

图4-6中，成都排名第一（得分1.5），东莞排名第二（得分1.2），而南昌、温州、北京、乌鲁木齐、长春等14个城市的立体开发指数仅为0.3。大多数城市（占比约74.41%）提出了分层开发与分层确权，但尚未形成能够满足TOD立体化复合开发的标准，也未开展一体化设计,从而难以保障城市轨道交通TOD模式开展上下一体化综合开发。在具体政策方面，成都市《关于进一步鼓励开发利用城市地下空间的实施意见（试行）（成府发〔2020〕11号）》提出应遵循竖向分层立体综合开发、横向相关空间链接、地下工程与地表建筑相协调的原则，可进行分层设权、分别供地、实行分级分类管理。《东莞市人民政府关于创新体制机制加快轨道交通建设发展的若干意见》（2018）提出轨道交通地下空间实行竖向分层立体综合开发、横向相关空间互相连通、地下交通与地下商城整合布设、地面建筑与地下工程协调配合的综合利用方式。贵阳市提出分层开发与确权，明确地下空间分层开发价格优惠，如全地下空间开发建设面积不计入容积率，按照价值最大一层确定土地出让底价。重庆市提出了分层开发、分层确权登记，将轨道交通站场用地范围内的综合开发项目按用途实行分层供应。

长春、济南、石家庄3个城市在站点分级分类政策、容积率政策、立体开发政策三个方面的得分排名均较为靠后（见图4-5，因此其综合开发政策指数排名也较为靠后。这些城市未明确提出TOD站点分级分类政策，容积率规定主要参照国家标准，未考虑轨道交通站点或其他交通区域实施高密度的情况，也未对地上地下一体化规划设计进行统筹考量。

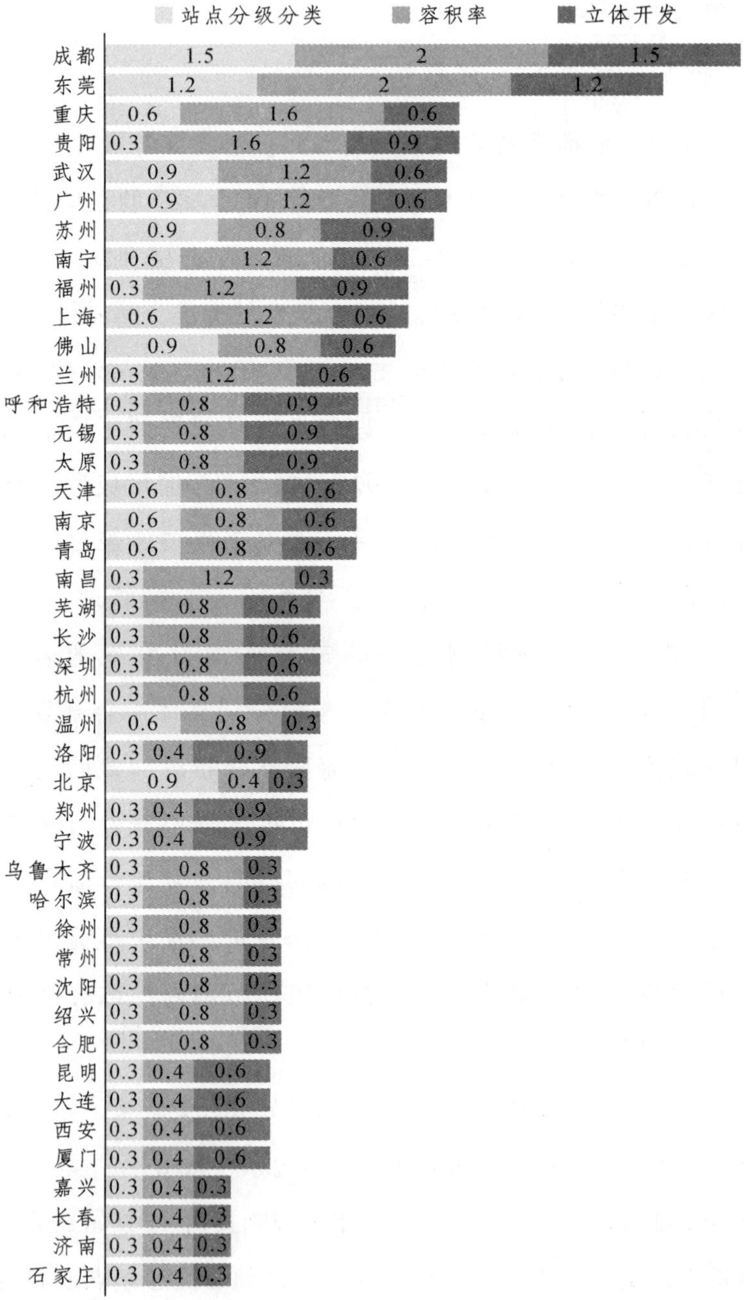

图 4-6　中国城市轨道交通 TOD“综合开发”政策细分指标得分情况

（三）理念规划政策指数排名与分析

“理念规划政策”指数由“理念认知”“规划融合”“体系完善”三个二级指标加权得到，满分为 5 分。其中，“理念认知”的权重为 0.25，“体系完善”的权重为 0.3，“规划融合”权重最高，为 0.45，体现了多规融合对城市轨道交通 TOD 发展的重要性。

1. “理念规划”指数

成都、东莞得分超过 4 分，位列第一、二位；广州、郑州、宁波、武汉 4 个城市得分超过 3 分；得分 3 分及以上城市仅 6 个。16 个城市得分为 2~3 分，占比为 37.21%；13 个城市得分为 1~2 分，占比为 30.23%；昆明、长春、乌鲁木齐等 8 个城市的得分仅为 1 分，占比为 18.6%（见图 4-7）。总体而言，有相当多的城市一定程度上都认识到轨道交通及 TOD 开发在引导城市发展中的作用（近 70%的城市在“理念认知”上的得分超过 0.75 分，处于中值以上），但是这些城市中的大多数没有将这种“理念认知”落实到具体的规划上以及实现多规之间的融合调整（仅 13 个城市在“规划融合”中的得分在中值以上，占比为 30%），更没有为 TOD 开发出台一系列配套完善的政策，仅 7 个城市在“体系完善”的得分为 0.9 分及以上，超过中值，占比为 16%（见图 4-8）。由于后两个指标的权重更高，从而拖累了部分城市在“理念规划”指数上的总体得分。

2. “理念认知”分项指标

成都得分最高，东莞、广州、宁波、青岛、重庆、北京、上海、南宁、苏州、温州、西安、绍兴、大连等 13 个城市紧随其后。其中，成都市采用“城市综合开发运营理念”来对全市的轨道交通站点进行策划、规划和设计，将城市轨道交通 TOD 发展与城市运营相结合，理

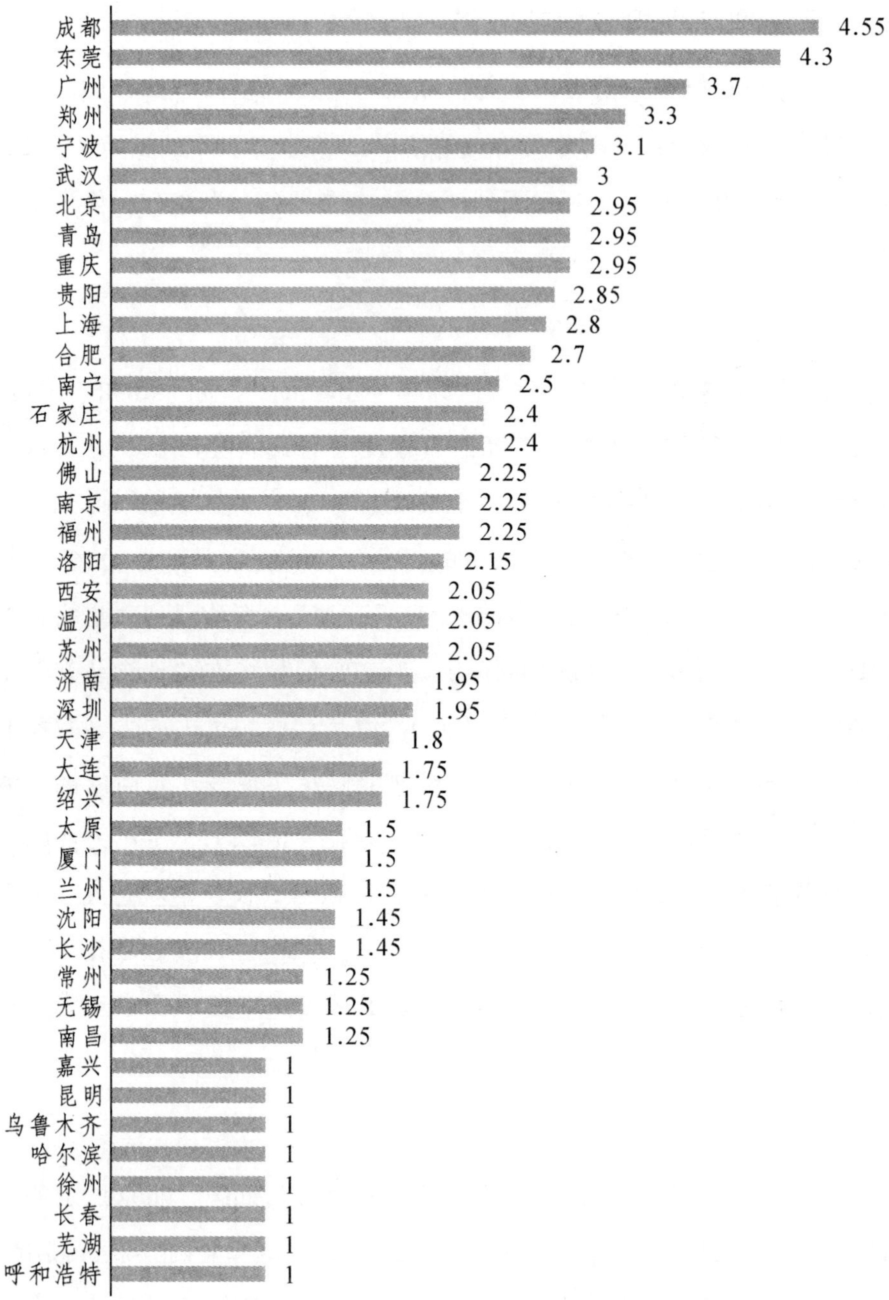

图 4-7 中国城市轨道交通 TOD“理念规划”政策指数排名

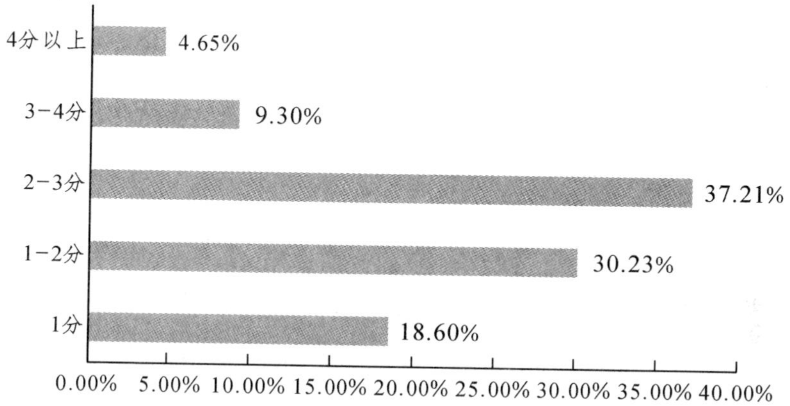

图 4-8 中国城市轨道交通 TOD“理念规划”政策指数分布情况

念认知层次高，从而对城市轨道交通 TOD 的实践发展形成了良好的认知基础支撑；东莞等城市将城市轨道交通建设与 TOD 综合开发作为引导城市发展的重要手段，以此来优化城市空间，虽然尚未达到城市运营、全域开发的层次，但其将轨道交通 TOD 发展与城市发展相联系，仍大大突破了对于 TOD 作为简单融资手段、进行点状发展的困境，形成了较为体系化的认知思路。对于徐州、乌鲁木齐等 10 个城市而言，它们或者仅提到“发挥公共交通规划的引导和调控作用”，呈现出以开发为导向的城市轨道交通设施优化或者仅关注轨道交通的通道功能，注重轨道建设与周边连接，而非周边开发，未从理念认知上明确轨道交通的 TOD 发展方向。

3. “规划融合”分项指标

成都、东莞、广州、宁波得分最高，为 1.8 分；杭州等 9 个城市得分为 1.35 分，占比 20.9%；济南、长沙等 10 个城市得分为 0.9 分，占比 23.3%；温州、苏州等 20 个城市得分为 0.45 分，占比 46.5%。城市轨道交通 TOD综合开发的顺利及快速推进涉及多个规划间的协调配合，包括城市国土空间规划、轨道交通规划（包括轨道交通线网规划、轨道交通近期建设规划、线路工程可行性研究)、TOD综合开发专项规划("线网—线路—站点"三级)等。大多数城市的轨道交通规划纳入到了城市国土空间规划，但未据此编制TOD综合开发策略或TOD综合开发专项规划。这将导致TOD综合开发过程中，由于不同规划间的衔接不畅、相互拉扯而使得TOD项目的推进困难重重。一个有利于城市轨道交通TOD发展的规划体系不仅要求不同规划间的衔接融合，还要求时序上的统一。即轨道交通规划与城市国土空间规划同步编制，同步编制TOD综合开发策略和TOD综合开发专项规划，线路工程可行性研究报告与沿线综合开发方案同步编制、同步实施，这也成为目前城市推进轨道交通TOD发展的重点方向。

以东莞为例，要求"TOD总体策略研究、线路/片区TOD规划应根据实际情况需要，与轨道交通线网规划或轨道交通近期建设规划或城市总体规划或城市分区规划同步启动编制、修编"，同时"TOD综合开发规划及TID概念方案，应与轨道交通可行性研究同步"。三类规划相应层级间的同步编制有助于更好地保障轨道交通TOD开发的用地需求、确保轨道交通运营客流等，也更有助于从TOD的视角来审视城市空间结构及轨道交通线网走向，从而实现交通与土地利用的深度一体化发展。

然而，多个规划间的融合需要跨部门、多层级政府的协调，因此需要更高层级的机构来统筹安排，领导小组就是这样一个高级别的协调机构。后面的"协调机制"分项指标提示，有26个城市(占比60.5%)都尚未成立综合开发领导小组；另有11个城市(占比25.6%)虽成立了综合开发领导小组，但领导级别为副市长及以下，在地方政府"领导小组"林立的情况下，领导级别越高越吸引地方各部门为此分配注意力。统计结果显示，各城市"协调机制"得分和"规划融合"得分的相关系数高达 0.71。这也意味着成立高级别领导任组长的领导小组可能是推动城市 TOD 政策融合完善的重要动力。

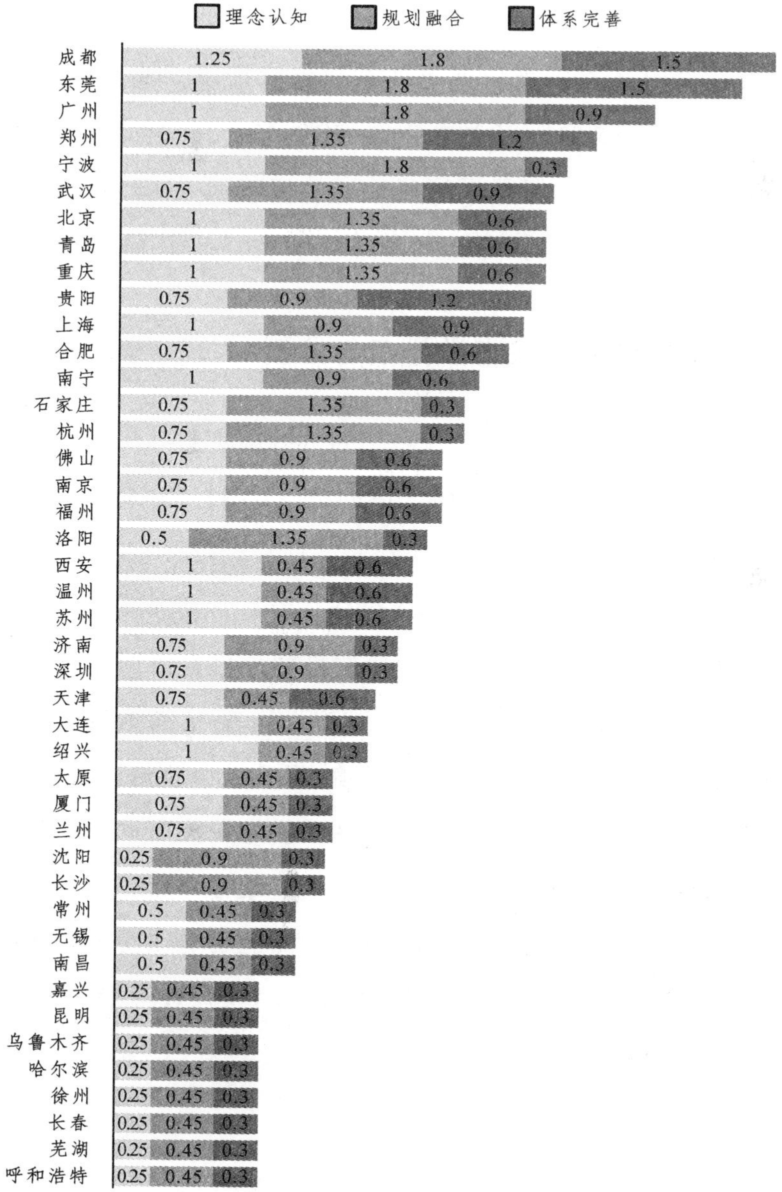

图 4-9　中国城市轨道交通 TOD 政策理念规划细分指标得分情况

4. “体系完善”分项指标

成都、东莞得分最高。这两个城市形成了TOD相关的较为完善的政策体系，包括综合开发的实施意见、管理办法、实施细则与技术指引等，同时还有审批协调等体系化保障措施。而昆明、长春等24个城市（占比55.8%）还尚未出台TOD综合开发的任何专门性文件，这也在一定程度上解释了这些地区轨道交通TOD发展相对滞后的原因。

（四）审批协调政策指数排名与分析

“审批协调”指数由“审批流程”和“协调机制”两个二级指标加权平均得到，满分为5分。其中，“协调机制”指标的权重为0.55，“审批流程”指标的权重为0.45。

如前所述，城市轨道交通TOD综合开发是一项涉及多主体的复杂工作。由专门的“领导小组”作为协调机制来负责协调涉及多个部门的职权事务，并设置相应快捷友好的“审批流程”，将为城市轨道交通TOD项目开发建设提供良好的营商环境，提升城市轨道交通TOD项目的开发进度，并大幅降低TOD开发主体面临的相关成本。但是，在“审批协调”指数方面，得分在3分以上的城市仅有4个，分别为成都、东莞、杭州、宁波，占比10%；有33个城市得分为2分及以下，占比77%。这在一定程度上反映了大多数城市尚未实质性开展TOD相关工作，因此对“审批协调”类政策需求较低。

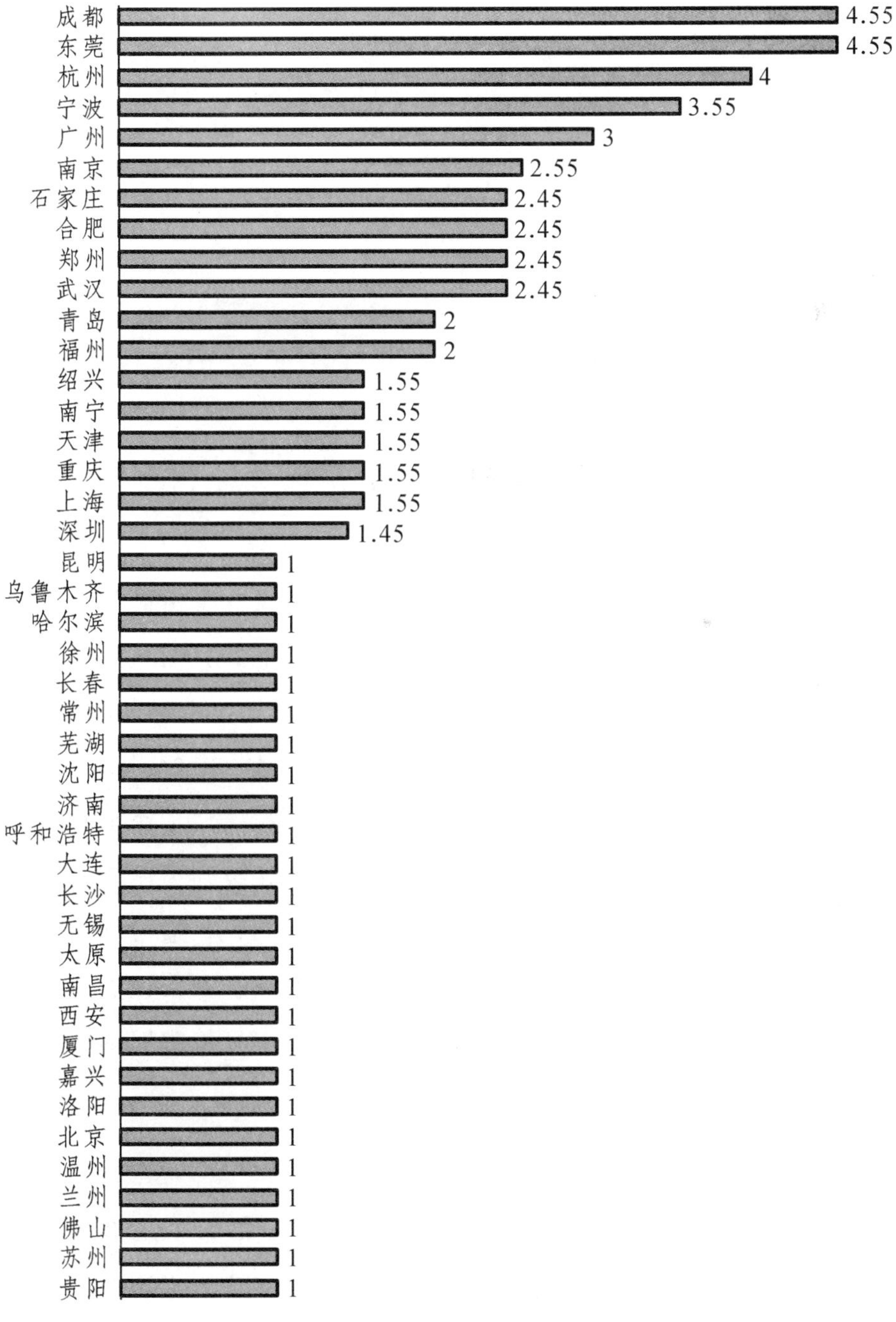

图 4-10　中国城市轨道交通 TOD“审批协调”政策指数排名

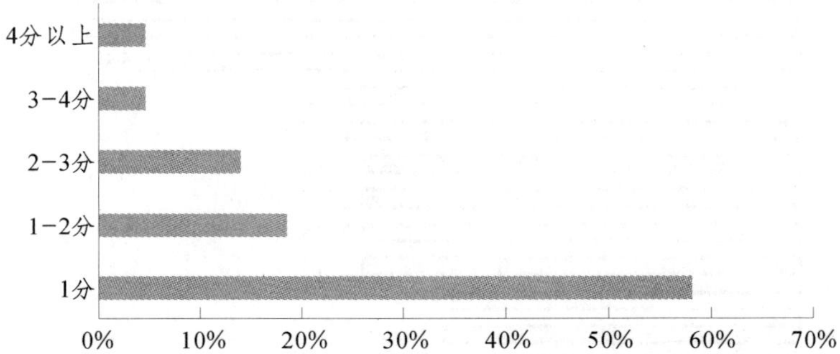

图 4-11　中国城市 TOD“审批协调”政策指数分布情况

1. “协调机制”指数

成都、东莞两市得分最高，这两个城市都成立了由高级别领导（市长或市委书记）任组长的综合开发领导小组，并且通过将轨道交通建设领导小组与综合开发领导小组融合统一，大大推进了城市轨道交通 TOD 的建设效率。与之形成鲜明对比的是，有 26 个城市（占比 60.5%）尚未建立 TOD 综合开发的领导小组，有 11 个城市（占比 25.6%）虽成立了综合开发领导小组，但领导级别为副市长及以下，对于 TOD 模式的推进力度不够大（见图 4-11）。通常而言，成立了高级别领导小组的城市也会倾向于为TOD综合开发设置专门的审批流程，43 个样本城市在“协调机制”与“审批流程”两个分项指标上得分的相关系数为 0.85。

2. “审批流程”分项指标

成都、东莞、杭州三个城市得分最高。这些城市为 TOD 综合开发设置了“一事一议”“特事特办”等专项服务方式，甚至将其纳入政府的目标绩效考核内容中，以期简化审批流程，加速轨道交通开发进程

（见表4-1）。然而有30个城市（占比69.8%）仍然对TOD及周边用地的规划审批、管理等采用常规的规划体系审批制度，导致TOD项目实施进度较慢，效果不佳。

表4-1 中国城市轨道交通TOD政策审批流程典型文本

城市	相关政策文件	关于“审批流程”的具体规定
成都	《成都市轨道交通场站综合开发用地管理办法》（2021年）	将**轨道交通场站综合开发工作纳入市政府目标绩效考核内容**，严格考核工作，确保取得实效
东莞	东莞市人民政府关于创新体制机制加快轨道交通建设发展的若干意见（2018年）	各相关部门要进一步强化服务意识，按“**特事特办**、**急事急办**、简化手续、提高效率”原则，对涉及轨道交通规划、建设、运营、开发等审批事项，**开辟绿色通道，实行并联审批**、**提前介入**、**限时办结等工作机制**，为加速轨道交通建设开发创造良好条件
杭州	杭州市城市轨道交通资金筹措与平衡办法（2017年）	健全相关开发决策机制。建立“地铁+物业”开发决策机制，对不具备单独规划建设条件的地铁上盖物业用地以及地铁小镇的开发建设，通过“**一事一议**”的方式报市政府研究决策

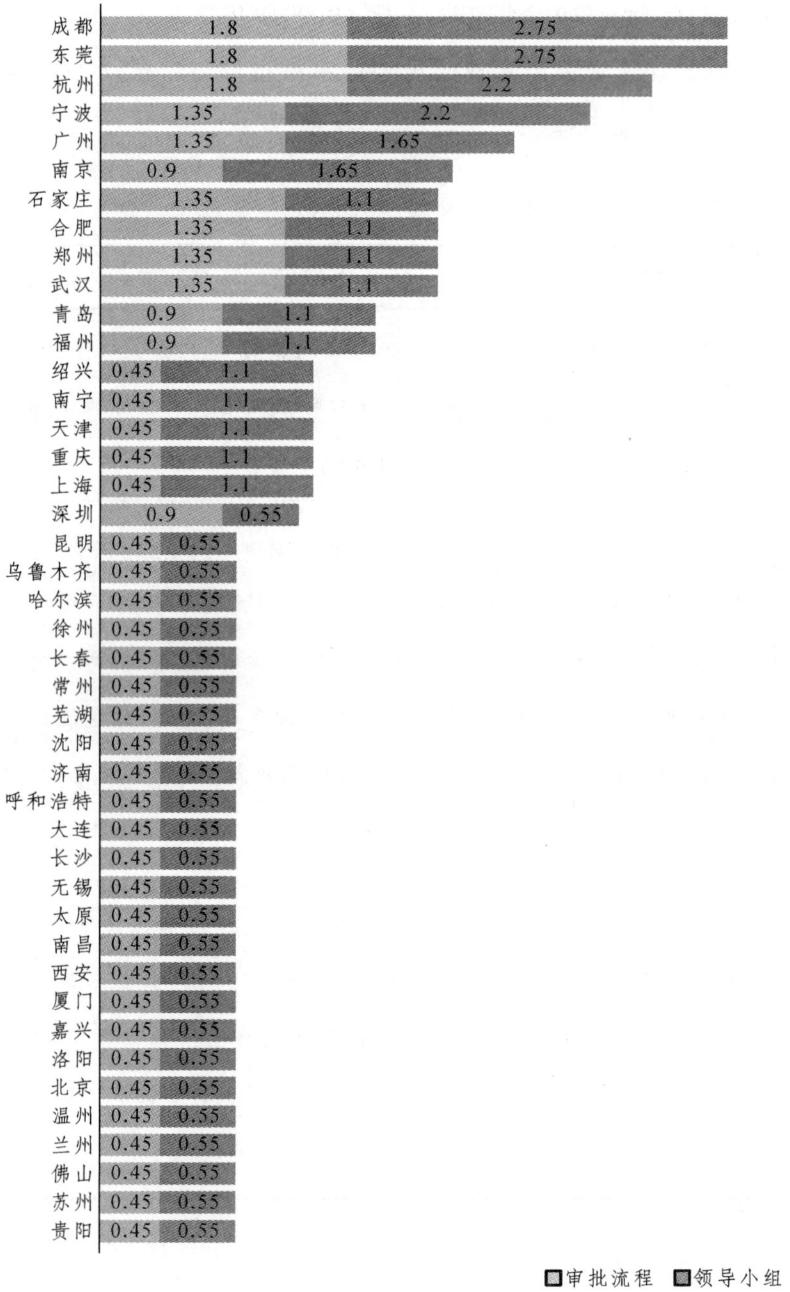

图 4-12 中国城市轨道交通 TOD 政策审批协调细分指标得分情况

（五）市场运用政策指数排名与分析

“市场运用”指数由“参与主体”“合作模式”两个二级指标构成，满分为 5 分。其中，“参与主体”与“合作模式”的权重均为 0.50，体现了在轨道交通 TOD 开发过程中，合作对象和合作模式对于是否能充分发挥市场的作用来说十分重要。

1. 市场运用政策指数

图 4-13 为中国城市轨道交通 TOD“市场运用”政策指数排名，其中广州、东莞排名并列第一（得分 4.50），成都位列第二（得分 4.00），其次为苏州（得分 3.00），而昆明、乌鲁木齐、哈尔滨、武汉等 27 个城市的市场运用政策指数得分仅为 1.00 分。从城市得分分布来看（见图 4-14），市场运用政策指数得分为 1.00 的城市数量最多，占 43 个城市的 62.79%；4 分以上的城市占比仅为 4.65%。由此可知，绝大部分城市在如何运用市场手段推进 TOD 发展方面还尚未起步。这不难理解，对于轨道交通 TOD 模式而言，市场运用往往涉及 TOD 项目的实操阶段，关系到如何高效率运用多元主体合作与多样化的合作方式推进 TOD 项目的落地，这对于很多处于 TOD 理念确立阶段或 TOD 初步规划设计阶段的城市，是一个还可以暂时推后、慢慢完善的事情。但从全流程视角看，城市的市场运用能力与政策支持对于 TOD 的可持续发展至关重要。

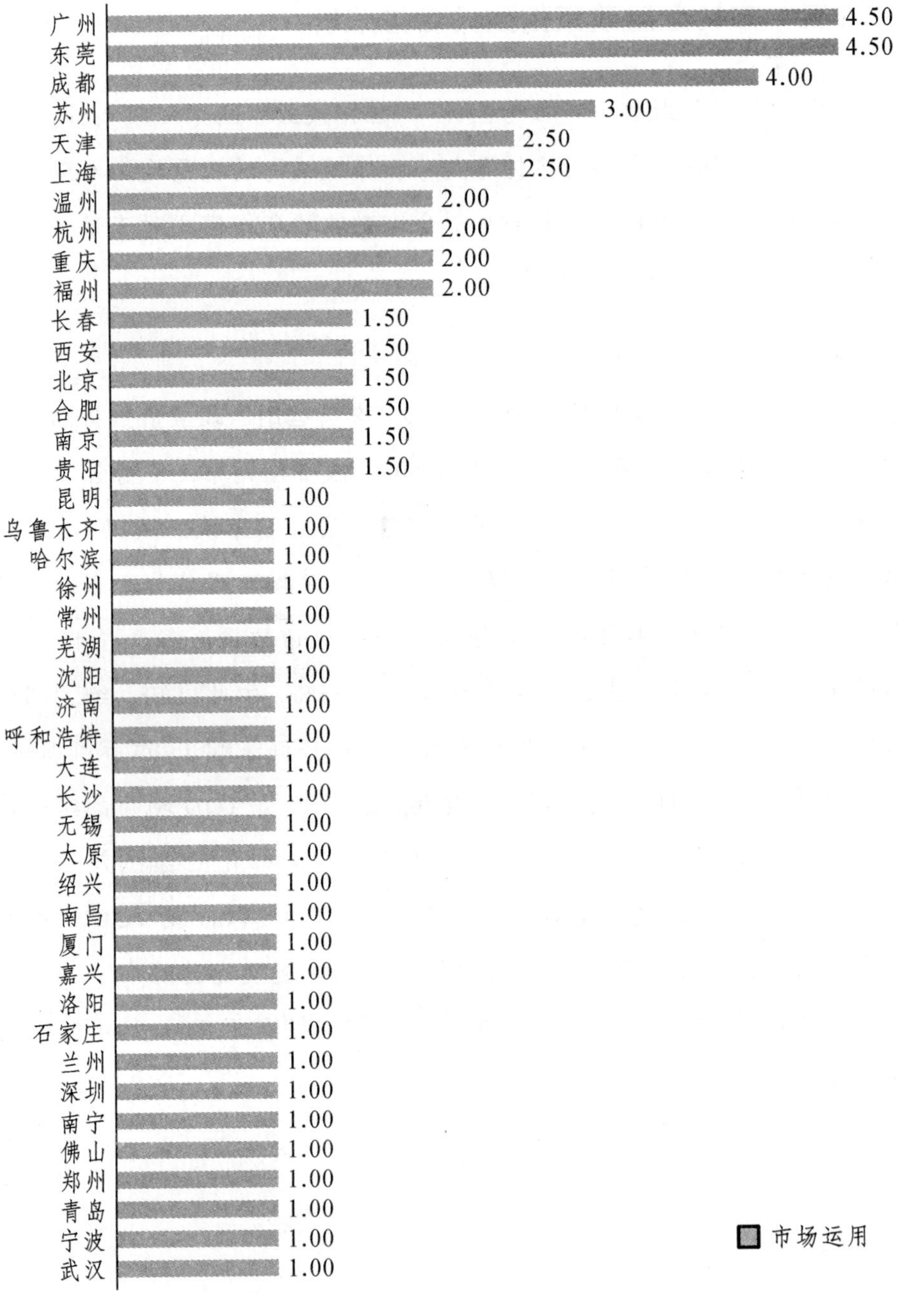

图 4-13 中国城市轨道交通 TOD“市场运用”政策指数排名

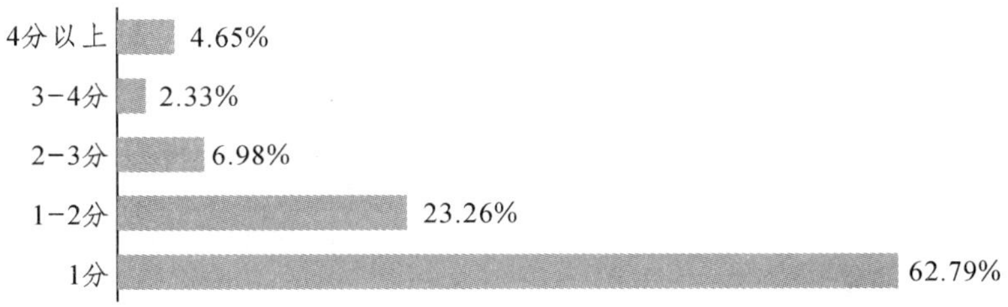

图 4-14 中国城市轨道交通 TOD 政策市场运用指数各城市得分分布

2. “参与主体”分项指标

图 4-15 中广东、东莞排名第一（得分 2.5），成都排名第二（得分 2.0），其次为天津、上海、杭州（得分 1.5），而昆明、乌鲁木齐、武汉等 28 个城市的参与主体指数仅为 0.5。从指数得分分布来看，指数得分为 0.5 的城市最多，约占 43 个样本城市的 65.12%。具体政策方面，广州市、东莞市在 TOD 的开发建设中均形成了鼓励民营企业或其他市场主体参与的具体政策规定。如广州市提出轨道交通场站综合体土地供应根据投资类别分为政府投资类、运营企业投资类、社会投资类三种模式。《东莞市轨道交通站场周边土地综合开发及站场综合体建设实施细则》（简称《细则》）将轨道交通站场区分为政府投资类、轨道交通建设运营单位投资类和社会投资类。其中，《细则》将具备较好开发条件的轨道交通站点或轨道交通车辆基地划分为社会投资类，并为社会资本参与项目投资提供了三种可选择的方式。《成都市人民政府关于轨道交通场站综合开发的实施意见（成府函〔2017〕183 号）》提出成都轨道交通集团应积极探索多元化投融资模式，可引入社会资本参与开发。《关于印发成都市城市轨道交通场站综合开发实施细则的通知（成办函〔2018〕192 号）》则明确提出鼓励区（市）县政府和市属国有企业与成都轨道交通集团合作，具体合作方式由各方协商确定，可享

受与成都轨道

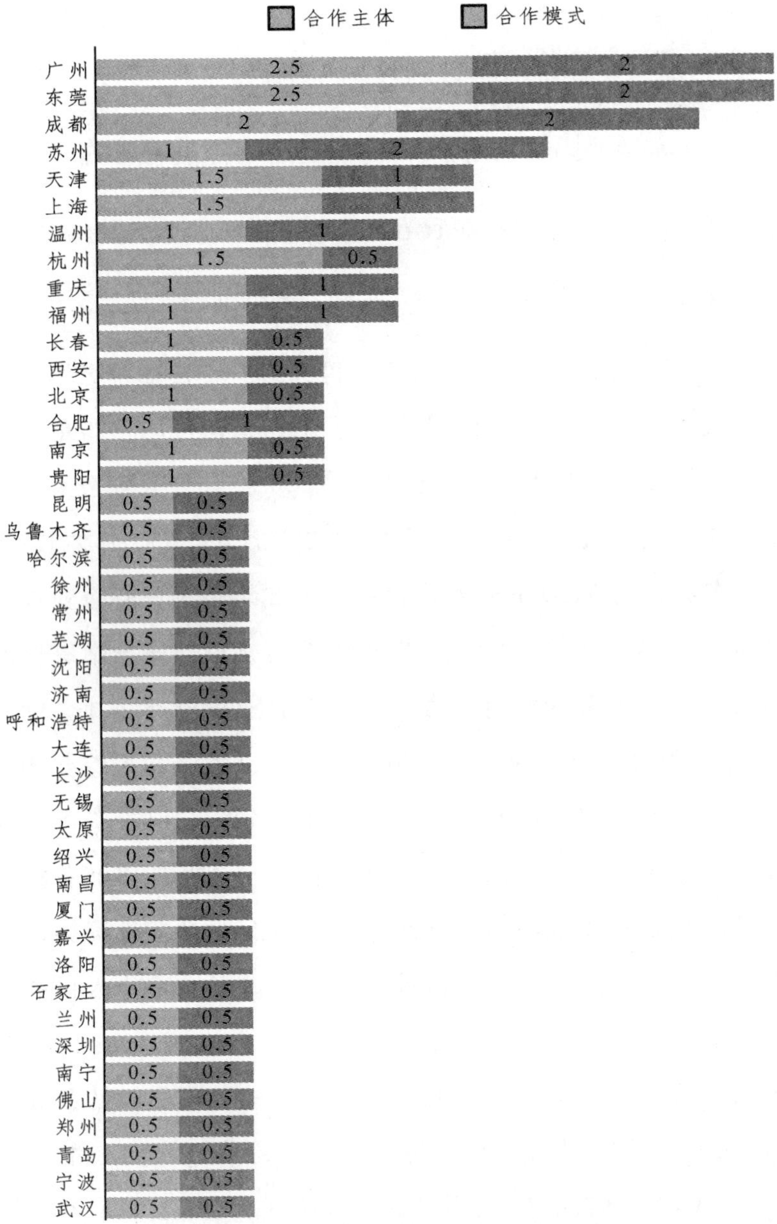

图 4-15 中国城市轨道交通 TOD“市场运用”政策细分指标得分情况

集团相同的宗地地价评估价政策优惠。苏州在TOD建设发展政策中重点提及了对于地方政府与国有企业或国有企业间的合作鼓励，如《关于加快推进苏州市轨道交通场站及周边土地综合开发利用的实施意见的通知》(2021)规定红线内土地鼓励苏州轨道交通集团作为实施主体开展一二级联动开发；红线外土地鼓励各区下属国有企业与苏州轨道交通集团合作共同开发，探索轨道交通场站及周边土地综合开发利用的长效推进机制。

3. “合作模式”分项指标

图4-15中，广东、东莞、成都、苏州排名第一（得分2.0)，天津、上海、温州、重庆、福州、合肥6个城市位列第二（得分1.0)，而杭州、长春、南京、武汉等33个城市的合作模式指数仅为0.5。从指数得分分布来看，指数得分为0.5的城市数量最多，约占43个样本城市的76.74%。在具体政策方面，广州市提出，对于政府投资类项目，按照政府投资管理的相关规定执行，相应投资纳入轨道交通建设资金统筹解决；对于运营企业投资类项目参照政府投资项目统一规划设计、整体报建，在初步设计概算阶段，明确轨道设施部分和综合开发部分投资分摊；对于社会投资类项目，鼓励轨道交通投资建设主体与社会资本合作投资建设，也可由社会投资主体单独投资建设。

成都市有比较明确的合作模式，对民营企业等市场主体参与比例无严格要求。成都轨道集团（或其子公司）可依法采用股权合作、协议合作、代开发以及领导小组确定的其他方式，与国内外具有先进规划设计、产业集成、地产开发、商业运营经验和投融资能力的企业进行合作，但同时也指出合作方不享受宗地评估价政策优惠。

苏州市有比较明确的合作模式，对民营企业等市场主体参与比例无严格要求，对红线内开发用地的建设用地使用权可根据轨道建设时序、建设要求以“合同+协议”等模式出让，以 TOD 理念进行开发的轨道交通场站及周边土地综合开发用地在出让时，可将轨道交通线路建设及运营的技术能力纳入竞买要求，轨道交通场站及周边土地综合开发范围红线外土地收益原则上按市现有土地政策执行。

昆明、乌鲁木齐、哈尔滨、武汉等城市的参与主体指标、合作模式指标的排名均较为靠后（见图 4-15），因此其市场运用政策指数排名也较为靠后。这些城市对于城市轨道交通 TOD 开发建设过程中的多主体合作参与和多主体合作模式相关的规定均无涉及。

Part five

五、中国城市轨道交通 TOD 政策指数典型案例介绍

（一）案例选取依据

从中国城市轨道交通 TOD 政策指数来看，各城市表现存在明显异质性。一个城市的轨道交通建设运营时间、经济发展水平等因素是影响其开展 TOD 意愿及后续实践的重要因素。鉴于此，有必要通过分析 TOD 政策指数表现较好的典型案例，展示不同类型轨道交通运营城市在开展 TOD 探索过程中所进行的政策探索，从而为处于不同发展阶段的轨道交通运营城市选择合适的 TOD 政策模式提供借鉴。

基于城市轨道交通 TOD 政策指数表现、城市轨道交通运营经验、经济发展状况等因素，本报告选取的典型案例主要分为两大类：一是轨道交通运营时间长、经济发展水平高、轨道交通 TOD 探索起步早的先行城市，主要以北京、上海、深圳三个城市为主。从我国城市轨道交通运营时间来看，北京、上海、深圳均为我国城市轨道交通运营较早的城市。1972 年 1 月 15 日北京地铁一期工程开通运营（西山苹果园至北京火车站），1993 年 5 月 28 日上海地铁 1 号线南段（徐家汇站至锦江乐园站）开始观光试运行，2004 年深圳地铁一期工程通车试运营。从我国城市轨道交通运营里程来看，北京、上海以 700 公里级位列第一梯队，深圳也达到了 300 公里数量级。三

个城市最早从20世纪90年代就陆续开展TOD实践探索，已拥有一定具有代表性的TOD项目。对这一类城市的案例分析，可以较好展现TOD模式在经济发展水平较高地区的探索与实践。二是轨道交通运营时间较短、经济发展水平较高、TOD探索快速起步的新型轨道交通城市，即后发城市，主要以成都、东莞为例。这类城市有很强的发展雄心及潜力，将城市轨道交通TOD发展与城市治理紧密联系，并通过有力的政策与体制机制设计支持TOD实践推进。后发城市走了一条不同于先行城市的TOD快速推进道路。对这一类城市的案例梳理，可以较好地展现拥有一定经济基础的新型轨道交通城市是如何看待以及如何全方位推进城市轨道交通 TOD 模式，以更好发挥TOD对于城市治理的正向作用。

（二）轨道交通先行城市TOD政策典型案例

1. 北京

（1）北京市社会经济及城市轨道交通发展概况。

北京市作为中国的首都，经济发展质量高。2016—2020年，北京市地区生产总值（GDP）逐年增长，2021年北京市GDP位居全国第二，达40 269.6亿元，同比增长8.5%。其中，第一产业增加值111.3亿元，同比增长2.7%；第二产业增加值7 268.6亿元，同比增长23.2%；第三产业增加值32 889.6亿元，同比增长5.7%。全市人均地区生产总值为18.4万元，在全国各省区市中保持领先。交通运输方面，2021年全年货运量28 132.3万吨，同比增长6.8%；货物周转量881.1亿吨公里，增长4.5%。全年客运量42 315.4万人，增长16.7%；旅客周转量1 048亿人公里，增长3.2%。年末全市机动车保有量685万辆，同比增加28

万辆。民用汽车614.3万辆，增加14万辆[①]。

北京市是我国最早开通地铁的城市，1969年9月20日第一条地铁线路建成，1971年1月15日北京地铁1号线正式面向公众运营。历经50余年的发展，截止2021年年底，北京市城市轨道交通运营里程达783千米，运营线路27条，车站459座。2021年全年城市轨道交通客流量高达30.66亿人次，日均客流量为840万人次，日均进站量为451.4万人次（客流量数据包括地铁、轻轨、单轨、快轨、有轨电车等多种城市轨道交通制式），其轨道交通的繁忙程度仅次于上海，位列全国第二[②-③]。北京市以3.38千米/万人的城市轨道交通密度（根据轨道交通里程/人口测算）高于伦敦，并略高于香港，居于相对领先地位，但与“轨道上的城市”东京的轨道交通密度（7.14千米/万人）相比仍有相当差距。

北京市整体发展趋势必将是进一步加强京津冀协同发展，同时疏解非首都功能。因此，对于处于城市发展转型关键阶段的北京市，轨道交通建设的目标不再仅仅限于完成交通运输职能，轨道交通将成为承载城市运行、开展市民生活的重要中心载体，成为建设国际一流和谐宜居之都、加强“四个中心”建设、推动以首都为核心的城市群建设的重要策略和载体[④]，承担着支撑首都高质量发展、保障居民绿色出行、缓解交通拥堵的重要任务[⑤-⑥]。

---

① 北京市统计局. 2021年北京市国民经济和社会发展统计公报[DB/OL]. http:// district.ce.cn/newarea/roll/202203/04/t20220304_37375990. shtml. 2022-03-04.

② 白静尧. 2022年北京地铁行业市场现状及发展趋势分析[EB/OL]. https://www.qianzhan.com/analyst/detail/220/220401-39ff9ce0.html.2022-04-01.

③ TOD行业动态—华北地区项目篇[Z/OL]. https://mp.weixin.qq.com/s/tvCm5kT2ygm2PPLSaX5VqQ. 2021-10-15

④ 郑义. 北京城市轨道交通运营问题及对策研究[J]. 牡丹江大学学报，2022, 31(3): 49-55.

⑤ 新华社.北京:城市轨道交通总里程将达1625公里[EB/OL]. http://www.gov.cn/xinwen/2022-08/17/ content_5705761.htm. 2022-08-17.

⑥ 新浪财经. 推动首都高质量发展，建设轨道上的大国首都，北京市轨道交通线网规划获批[EB/OL]. https://finance.sina.cn/2022-08-18/detail-imizirav8635455.d.html. 2022-08-18.

目前北京市轨道交通的运营理念及布局已转变。此前北京的城市轨道交通规划是“轨道跟着城市走”，城市内聚集性强、发展较快、人口较多、商业较发达的区域会率先建设轨道交通。2000年北京国贸开启CBD时代，以及选择城市中心为标准的生活理念。2008年为筹办北京奥运会，城市轨道交通布局优先满足场馆赛事需求，2018年北京开启TOD时代，构建庞大的立体交通路网连通生活的格局。北京最新城市轨道交通建设规划更注重通过地铁引导优化城市空间结构和功能布局，实现“站城融合”，让“城市跟着轨道走”，这使得城市规划更具自主性和科学性，实现轨道引领城市发展的新路径①。新的地铁线路从规划到建成的几年间，围绕新线、新站的地产开发和商业配套也在同步建设中，重点站点也将变成“微中心”②，肩负起集聚商业、产业等城市功能的新商圈。北京将逐渐转变成“跟着轨道走”的城市，打造更多节点商圈的“微中心”，通过增加出入口的数量，与相邻车站实现“两站一区间”以激发地区活力，通过与干线铁路、城际铁路、市郊铁路的融通换乘实现“四网融合”，让交通更便捷，同时进一步优化城市布局，强化城市功能，促进资源要素畅通流动；带动近郊区与城区的互联互通，进一步强化城市副中心、平原新城、重点功能区之间的轨道交通联系，增强宜居性、便利性、通达性。北京市第一批共划定了71个微中心，涉及14个区、28条线路③。

（2）北京市TOD发展情况。

北京市正面临部分地区职住失衡、潮汐交通显著、土地混合程度

① “跟着轨道走”的北京，让城市布局更科学[EB/OL]. https://www.sohu.com/a/577829314_99914864. 2022-08-18.

② 轨道微中心是与轨道交通站点充分融合、互动，可达性高，土地集约化利用程度高，具有多元城市功能，具备场所感和识别性的城市地域空间。

③ 搜狐网.“跟着轨道走”的北京，让城市布局更科学[EB/OL]. https://www.sohu.com/a/577829314_99914864. 2022-08-18.

低、出行距离增大等问题，依托轨道交通的TOD发展模式受到了各方的关注。北京实施TOD的目的：一是优化城市空间，实现均匀用地向集约用地、自由扩张向有序发展的过渡；二是保障绿色出行，重点关注通勤交通，鼓励公共交通、完善步行系统，实现外部出行的内部化，提高人们的生活品质；三是通过城市土地使用与交通的协调发展，保障城市的可持续发展①。

北京TOD的开发属于"产业新城+枢纽站辐射开发"模式，虽然在形式上借鉴了"站城一体、无缝对接"的TOD外在形式，但更偏重于为产业开路，开辟中心城外的"城外产业城"。目前在建的TOD项目多以新城开发为主，在项目规划上更倾向于产城结合，以充分发挥北京的产业优势②。北京TOD实践尚在启蒙阶段③。亦庄新城是北京TOD实践的第一个站点，而后越来越多的实践，如长阳站、永丰南站等轨道站点开始实行轨道建设和周边开发一体化进行的模式④。具体工作上，在宏观层面，强调根据城市的空间发展战略需要，充分发挥轨道交通的先导作用，结合城市功能结构、用地布局、功能区建设进行轨道线网和用地功能优化⑤；在中观层面，强调通过工程方案优化和控制性详细规划优化调整的方式，促进轨道交通车站与周边土地的协调发展，注重轨道交通网络的锚固点与城市重点高强度区域空间的耦合关系，结合三城一区、十大功能区、副中心、雄安新区等重点功能区发展需求和布局分布，重点加强规划耦合关系、促进与重点功能区的

① 邵娟，荣建．北京市实施TOD的政策机制研究[J]．交通工程，2017, 10(5): 52-55.
② 记录：北京TOD与东京经验[EB/OL]. https://xueqiu.com/1019832951/171831322. 2021-02-15.
③ 张舒沁，边扬，李玲．北京市TOD发展成效评价指标体系研究[J]．交通工程，2020, 20(3): 21-26.
④ 何凡．北京市轨道站域TOD发展成效评价方法[D]．北京：北京工业大学，2018. 06.
⑤ 中国城市交通发展论坛．浅析北京TOD的发展及几点思考[C/OL]. https://www.sohu.com/a/ 235690825_ 734512. 2018-06-14

协调。根据对外铁路枢纽功能优化轨道交通线网方案；在微观层面，强调通过精细化研究，将车站与周边环境一体化融合，改善乘车环境，提升城市环境品质。

表5-1 北京市TOD项目情况

项目名称	建筑面积	位置	接通轨道	项目内容
通州ONE	178.86万平方米	通州运河核心区新华大街北侧，北关大道南侧	北京地铁6号线	项目由6栋30~58层塔楼及周围裙楼、纯地下车库组成。6号线从该项目地下穿过，两线的换乘站—新华大街站位于此处，并进行一体化设计，与周边建筑无缝衔接
未来科学城	43.5万平方米，其中住宅配套33万平方米	北京市昌平区北七家镇，以温榆河和定泗路为界分为北区和南区	轨道交通M17号线	未来科学城将在南区站、北区站打造两大地铁一体化城市综合体，与地铁17号线同时交叉建设，在地铁之上建设集优质写字楼、高端酒店、人才公寓、精品商业为一体的城市综合体。相关公寓、精品教育资源已在政府主导下实现陆续入住
自贸区（海淀）永丰TOD综合体	9.65万	海淀区西北旺镇HD00-0402-0102地块	北京地铁16号线	为满足周边企业及居民日常送货、工作、学习、娱乐休闲等需求的聚集地，同时对构建中关村科学城北区新型城市形态，打造成为集教育科研、创新创业、生产发展、居住生活、文化交流等功能于一体的科技新城，实现海淀区北部地区产城融合有着巨大的贡献

续表

项目名称	建筑面积	位置	接通轨道	项目内容
京投港.长阳	5.3 万	房山区长阳镇 CSD 中央休闲购物区交通换乘中心	地铁房山线	地上 9 层，地下 2 层，总高度 52.55 米。与地铁房山线长阳站无缝连接，向北与地铁 9 号线、10 号线、16 号线联通，为轨道交通换乘提供便利服务

资料来源：北京 TOD 与东京经验[EB/OL]. https：//xueqiu.com/1019832951/171831322. 2021-2-15.

（3）北京市城市轨道交通 TOD 政策要点

① 用地保障相关政策。

一是土地储备政策。土地储备工作是 TOD 综合开发的关键环节和重要基础。2014 年 7 月，确定北京市成为划定城市开发边界试点的首批城市，2015 年 4 月国务院要求划定城镇开发区边界，推动城镇化发展由外延扩张式向内涵提升式转变，这两个政策的发布为北京市开展土地利用与交通协调发展提供了保障。《北京城市总体规划（2016—2035 年）》提出，要保障交通基础设施用地规模，适度超前、优先发展交通基础设施，提前规划控制交通战略走廊和重大交通设施用地。到 2020 年全市交通基础设施用地（含区域交通基础设施）约 700 平方千米，到 2035 年达到 850 平方千米左右。北京市在 2014 年就已划定城市开发边界，在后续发展中对交通基础实施用地有相关政策，但对城市轨道交通 TOD 无明确的土地收储政策。

二是土地优惠政策。北京市对城市轨道交通 TOD 开发无明确的土地优惠政策，如《北京市人民政府关于创新重点领域投融资机制鼓励社会投资的实施意见》提出轨道交通综合利用部分按市场地价水平供地。综合交通枢纽一体化项目，在招标确定项目主体并实现“净地”后，办理国有土地使用权出让手续。开发权转让涉及复杂的权益货币化计算问题，类似我国的易地代保制度，该措施在北京不适用。

② 综合开发相关政策。

一是站点分级分类政策：北京市将TOD划分为国家枢纽级和重要区域枢纽两种类型，结合三城一区、十大功能区、副中心、雄安新区等重点功能区发展需求和布局分布（表5-2、表5-3），重点加强规划耦合关系，促进与重点功能区的协调。

表5-2 北京市城市轨道交通TOD站点分级分类情况

级别	车站名称	现状与规划	
		现状	规划新增
国家枢纽级	北京南站	2	2
	北京西站	2	-
	北京站	1	-
	北京北站	3	-
	丰台站	-	2
	星火站	-	2
	清河站	-	3
	城市副中心站	-	3
	清华园站	-	2
	南苑站	-	2
重要区域枢纽	北京东站	-	1
	亦庄火车站	-	2
	施园站	-	2
	黄村火车站	-	2

资料来源：中国城市交通发展论坛.浅析北京TOD的发展及几点思考[EB/OL]. https://www.sohu.com/a/235690825_734512. 2018-06-14.

表5-3 北京市城市轨道交通TOD开发情况

功能区名称		比2021年线网新增线路	新增
4个成熟功能区	CBD	M28、M18、M20、M23、S1、S12	6条
	金融街	M25、M18、S14	3条
	中关村	M7、M12、M15、M18、M19、M30、M33、S1、S2快、S11、S13	11条
	奥林匹克中心	M23、S11、S12	3条
4个有潜力功能区	运河商务区/文化旅游区	M101、M102、M103、M104、M18、M23、S1、S6、S7	9条
	新首钢高端产业综合服务区	M11、M18、S1	3条
	翻译金融商务区	M11、M25、M35	3条
	南苑-大红门地区	M11、M25、M20、M31、S14	5条
2个临空经济区	北京首都国际机场临空经济区	M20、S5、S6、S7	4条
	北京新机场临空经济区	M20、M35、S4、S7	4条

资料来源：中国城市交通发展论坛.浅析北京TOD的发展及几点思考[EB/OL]. https://www.sohu.com/a/235690825_734512. 2018-06-14.

二是容积率政策：北京市住宅容积率在国家标准范围内，对于部分地区的容积率按照规定适当上浮，但并未对TOD站点及其周边的容积率进行专门规定（见表5-4）。《北京市“十三五”时期交通发展建设规划》提出加强轨道站点与周边用地衔接。发挥轨道交通对周边用地的引导作用，适当提高轨道站点和枢纽周边用地容积率。北京《城市轨道交通车辆基地综合利用规划设计指南（征求意见稿）》（2020）提出：一般情况下，总容积率指标参照车辆基地用地标准容积率1.8管控；特殊情况下，总容积率指标需结合上位规划、车辆基地类型、综合利用方式、周边地区条件等因素，通过审查规划综合实施方案确定。在规划设计中可根据实际情况参照下列要求确定上盖地坪综合利用容积率：上盖地坪上为居住主导功能时，上盖地坪综合利用容积率参考值为 1.4；上盖地坪上为商业或办公主导功能时，上盖地坪综合利用容积率参考值为 1.8。

表 5-4　站点周边居住用地控制容积率指标参照表

高度控制/米	基准强度指标	分区控制因素				站点功能类型控制因素				政策因素	距轨道交通站点距离（米）	
		旧城	旧城外的中心地区	边缘集团	新城	居住	商业	交通	产业	保障性住房	核心区 0-250	影响区 500-750（1000）
18	1.6	1.6	1.7	1.7	1.7	1.7	1.7	1.7	1.7	1.7	1.7	1.7
30	2.0	2.0	2.1	2.1	2.2	2.2	2.2	2.1	2.2	2.2	2.2	2.1
45	2.2	2.2	2.3	2.4	2.5	2.5	2.5	2.3	2.5	2.5	2.5	2.4
60	2.5	2.5	2.6	2.7	2.8	2.8	2.8	2.6	2.8	2.8	2.8	2.7
80	2.5	—	2.7	2.8	2.8	2.8	2.8	2.7	2.8	2.8	2.8	2.8
100	—	—	2.8	2.8	2.8	2.8	2.8	2.8	2.8	2.8	2.8	2.8

资料来源：中国城市交通发展论坛.浅析北京 TOD 的发展及几点思考[EB/OL].https://www.sohu.com/a/235690825_734512. 2018-06-14.

三是立体开发政策：北京市仅笼统提到 TOD 站点分层开发。《北京城市总体规划（2016—2035）》建立以轨道交通线网为骨架，包括地下停车、地下步行和地下道路的城市地下交通系统。《北京市人民防空工程和普通地下室安全使用管理办法》指出鼓励竖向分层立体综合开发和横向相关空间连通开发。

③ 理念规划相关政策。

一是理念认知政策：北京市将 TOD 综合开发作为优化城市空间开发、

品质提升的重要方式。其中，《北京市城市总体规划（2004—2020）》《北京市轨道交通近期建设规划（2007—2015）》等文件均提出把TOD理念融入到城市建设中。《北京市“十三五”时期交通发展建设规划》提出加强轨道站点与周边用地衔接，发挥轨道交通对周边用地的引导作用，促进公共交通与周边用地融合发展，健全公共交通用地综合开发政策落实机制。《北京城市总体规划（2016—2035）》提出推进公共交通导向的城市发展（TOD）模式，围绕交通廊道和大容量公交换乘节点，强化居住用地投放与就业岗位集中，建设能够就近工作、居住、生活的城市组团。

二是规划融合政策：北京市目前主要出台了车辆基地的综合利用规划设计指南，其在编制流程上大体按照轨道交通规划与城市国土空间规划，编制车辆基地TOD综合开发专项规划。北京市《城市轨道交通车辆基地综合利用规划设计指南（征求意见稿）》（2020）将车辆基地综合利用规划流程明确为：编制控制性详细规划街区指引→编制街区控制性详细规划→制定车辆基地综合利用规划综合实施方案→车辆基地综合利用规划综合实施方案审批→综合利用项目实施。

三是体系完善政策：北京市关于TOD综合开发的专门规定较少，尚未形成完善的TOD政策体系。作为国内最早开通地铁的城市，北京市在2020年出台了《城市轨道交通车辆基地综合利用规划设计指南》，这是仅有的关于TOD综合开发的相关框架性文件。

④ 审批协调相关政策。

在领导小组协调机制方面，北京市仅有轨道交通建设了相关领导小组，尚未建立TOD综合开发相关的领导小组。在审批流程政策方面，北京市尚未出台关于TOD的相关审批政策。

⑤ 市场运用相关政策。

一是参与主体政策：北京市对于综合交通枢纽一体化建设运营机

制，采取招标方式确定项目主体，土地开发成本分担比例和政府投资额根据资源配置情况测算确定。鼓励社会资本包括境外资本以合资、合作或委托经营等方式参与公共交通场站设施投资、建设和经营。

二是合作模式政策：建立健全合作发展模式，在城市轨道、综合交通枢纽、停车楼等公共交通基础设施建设中采用政府和社会资本合作的模式。积极吸引具备实力的社会投资人与运营主体成立联合体参与轨道交通 PPP 项目，实行“主体运营+经营性配套资源+特许经营权”的整体投资运营模式。

总体来看，目前北京市在轨道交通 TOD 开发方面主要出台的政策及要点见表 5-5。

表 5-5　北京市轨道交通 TOD 核心政策列表

指标	具体规定	政策来源
用地保障	无特殊规定	
综合开发	**站点分级分类：**将 TOD 划分为国家枢纽级和重要区域枢纽两种类型，结合三城一区、十大功能区、副中心、雄安新区等重点功能区发展需求和布局分布	《城市轨道交通车辆基地综合利用规划设计指南》(2020)(征求意见稿)
	容积率：①发挥轨道交通对周边用地的引导作用，适当提高轨道站点和枢纽周边用地容积率。②总容积率指标参照车辆基地用地标准容积率 1.8 管控；特殊情况下，总容积率指标需结合上位规划、车辆基地类型、综合利用方式、周边地区条件等因素，通过审查规划综合实施方案确定。在规划设计中可根据实际情况参照下列要求确定上盖地坪综合利用容积率：上盖地坪上为居住主导功能时，上盖地坪综合利用容积率参考值为 1.4；上盖地坪上为商业或办公主导功能时，上盖地坪综合利用容积率参考值为 1.8	《北京市“十三五”时期交通发展建设规划》《城市轨道交通车辆基地综合利用规划设计指南(征求意见稿)》(2020)

续表

指标	具体规定	政策来源
	立体开发：笼统提到分层立体开发	《北京市人民防空工程和普通地下室安全使用管理办法》
理念规划	**理念认知**：将TOD理念融入到城市建设中，围绕交通廊道和大容量公交换乘节点，强化居住用地投放与就业岗位集中，建设能够就近工作、居住、生活的城市组团。促进交通与城市协调发展，提高交通支撑、保障与服务能力	《北京城市总体规划(2016—2035)》《城市轨道交通车辆基地综合利用规划设计指南》(征求意见稿)》
	规划融合：主要出台了车辆基地的综合利用规划设计指南，其在编制流程上大体按照轨道交通规划与城市国土空间规划，编制车辆基地TOD综合开发专项规划。车辆基地综合利用规划流程主要为：编制控制性详细规划街区指引→编制街区控制性详细规划→制定车辆基地综合利用规划综合实施方案→车辆基地综合利用规划综合实施方案审批→综合利用项目实施	
审批协调	**协调机制**：仅有轨道交通建设相关领导小组，尚未建立TOD综合开发相关的领导小组	
市场运用	**参与主体**：对于综合交通枢纽一体化建设运营机制，采取招标方式确定项目主体，土地开发成本分担比例和政府投资额根据资源配置情况测算确定	《北京市人民政府关于创新重点领域投融资机制鼓励社会投资的实施意见》
	合作模式：①在城市轨道、综合交通枢纽、停车楼等公共交通基础设施建设中采用政府和社会资本合作的模式。②积极吸引具备实力的社会投资人与运营主体成立联合体参与轨道交通PPP项目，实行“主体运营+经营性配套资源+特许经营权”的整体投资运营模式	

2. 上海

（1）上海市社会经济发展及城市轨道交通发展概况。

上海是国际经济、金融、贸易、航运、科技创新中心，其经济发展在国内各城市中遥遥领先。2021 年上海市生产总值达 43 214.85 亿元，在全国各大城市中位列第一，同比增速为 8.1%。2021 年全社会固定资产投资总额达 9 553.31 亿元，同比增长 8.1%，其中，第二产业投资增长 8.2%，非国有经济投资增长 8.0%，高于全国和一线城市的平均值；城市基础设施建设投资相比上年增长 5.8%，其中，交通运输投资增长 14.2%。2021 年实现交通运输、仓储和邮政业增加值 1 843.46 亿元，比上年增长 13.5%。全年各种运输方式完成货物运输量 155 211.94 万吨，比上年增长 11.5%。旅客发送量 14 035.33 万人次，增长 17.2%①。

1956 年 8 月，上海市人民委员会市政建设交通办公室提出《上海市地下铁道初步规划（草案）》。此后经过多年论证和试验，1993 年地铁一号线南段（徐家汇—锦江乐园）开通观光试运营，上海正式步入地铁时代，是我国在北京（1971 年）、天津（1984 年）后第三个开通地铁的城市。轨道交通是保障庞大客流的关键，大规模建设地铁被提上日程。2004 年上海市提出要在 2010 年世博会开幕前，轨道交通的运营线路达到 11 条线路、运营里程 400 千米以上。目前上海地铁工作日客流在千万以上，2021 年 12 月 28 日客流量为 1124.2 万人次，高于北京市。

《上海市轨道交通线网规划（2015—2040）》提出，上海将建立由三个“1 000 公里”构成的轨道交通系统，分别为“1 000 公里市郊铁路“”1 000 公里城市轨道交通“和“1000 公里中运量公交系统（如

① 上海市统计局. 2021 年上海市国民经济和社会发展统计公报[DB/OL]. https://tjj.sh.gov.cn/tjgb/20220314/e0dcefec098c47a8b345c996081b5c94.html. 2022-03-15

有轨电车、BRT）”。2018 年 12 月，国家发展与改革委员会批复《上海轨道交通第三期建设规划（2018—2023）》，预计到 2030 年，上海市城市轨道交通线网总长度将达到 1 642 千米，其中地铁线路 1 055 千米。2021 年 12 月 30 日，上海地铁 14 号线、18 号线一期北段正式开通，上海地铁总里程达到 831 千米。上海是中国首个地铁里程突破 800 千米的城市，同时也远远高于伦敦、纽约等城市的地铁里程，继续保持世界第一的位置。此次两条线路开通后，上海地铁线路增至 20 条，运营车站增至 508 座，换乘车站增至 83 座，网络规模继续领跑全球。同时，上海地铁首次开通 14 号线 8 节编组大容量全自动驾驶系统。至此，上海地铁已拥有 5 条全自动驾驶线路（10 号线、14 号线、15 号线、18 号线、浦江线），自动驾驶运营里程增至 167 千米，规模位居世界第一。与此同时，上海地铁在网络运行可靠度、服务水平、经营规模、运营效率等四个方面全部进入世界前六。其中列车正点率 99.99%，世界排名第四；最小发车间隔 1 分 50 秒，相同制式下世界排名第三；配属车辆数 7 000 余辆，超过纽约地铁跃居世界第一[①]。

（2）上海市城市轨道交通 TOD 发展概况。

与香港、东京、新加坡等高密度发展城市类似，上海同样面临人口密度高、土地资源稀缺、交通拥堵和能源压力较大等发展问题，因而是积极实践 TOD 理念的城市之一。随着上海城市总人口数突破 2 400 万，其轨道交通成为世界范围内线路总长度最长的交通系统。

从上海 TOD 综合开发的实践发展阶段来看，大体可以分为三大发展阶段：第一阶段（2000—2008 年），第二阶段（2008—2015 年），第三阶段（2015 年至今）（见表 5-6）。上海城市 TOD 的实践发展从最初

① 界面新闻. 上海地铁突破 800 公里：里程稳居世界第一，日均客流超千万[EB/OL]. https://mp.weixin.qq.com/s/0mtK-rY7cVoKzjn_oi4Nog. 2021-12-30.

北美TOD的理念中汲取，到东亚高密度城市发展案例的广泛借鉴，再到结合国家政策导向与自身各时期的发展阶段、空间资源相融合，在积极践行TOD发展的进程中，逐步摸索出适合上海的TOD综合开发之路。

表5-6　上海城市TOD综合开发实践路径与典型案例

发展阶段	TOD开发类型	典型案例	开发与设计演进
2000—2008年	与传统商圈相结合的城市中心型	人民广场站、南京西路站、静安寺站、中山公园站	以上海城市传统商业零售商圈和中心城区核心站点为中心，站点位于城市公共道路、绿地下方，与综合开发空间分离，以地下通道等方式与周边的商业和公共空间相连
2008—2015年	枢纽新城型	虹桥枢纽	以大型城市枢纽为中心，辐射新建城市新区，融合多元城市功能。凸显多元换乘节点功能，建立系统的地下联通体系，带动周边地块发展
	近郊邻里中心型	莘庄站、吴中路站、徐泾路高架车站	以城市近郊、远郊的多线换乘或密集居住区周边的车站为中心，积极探索TOD的土地多种利用模式，利用轨道交通和车辆段上盖土地，综合多元开发，营建邻里中心
	远郊新城建设型	嘉定新城站、松江新城站、周浦站	
2015年至今	主城枢纽更新型	龙阳路枢纽	以主城枢纽站或多线换乘站为中心，结合城市更新契机，探索TOD综合开发在城市片区内的体化实践模式

资料来源：周玲娟．上海TOD综合开发的实践路径与设计演进[J]．建筑技艺，2020（9）：62-65.

（3）上海市城市轨道交通 TOD 政策要点。

① 用地保障相关政策。

在土地储备政策方面，上海市明确了基于轨道交通站点综合开发的土地收储规定。在土地优惠方面，特别提出针对上盖开发的一些优惠措施。《关于推进本市轨道交通场站及周边土地综合开发利用的实施意见》（2016）提出对新建轨道交通场站综合建设用地，由所在区政府按照现行分工负责征收，完成土地储备形成“净地”。对既有轨道交通场站综合建设用地，所在区政府在充分做好相关风险评估的前提下，可收回已划拨供应的轨道交通市政设施用地。同时还提出了部分土地使用规费的减免政策，将轨道交通场站建设用地成本和耕地占补平衡等相关费用，以及经营性“上盖”建设成本，纳入综合开发土地成本。《关于加快实施本市轨道交通车辆基地及周边土地综合开发利用的意见（沪府办〔2020〕69号》针对轨道交通车辆基地 TOD 开发做出了专门规定，即根据轨道交通车辆基地周边地区用地条件、地块规划功能及用地完整性等实际情况和轨道交通资金平衡需要，确定车辆基地周边综合开发范围。积极探索存量轨道交通车辆基地通过技术改造实现城市更新和土地集约利用的路径，条件成熟时，由轨道交通建设运营主体为主，适时启动综合开发利用。

② 综合开发相关政策。

一是站点分级分类政策：上海 TOD 综合开发主要涵盖与传统商圈相结合的城市中心型、近郊邻里中心型、远郊新城建设型、枢纽新城型、主城枢纽更新型、片区一体化整合更新型 6 种类型。从实践历程来看，其设计演进的特征变化依次为：从单一要素连接，逐步升级为系统联通与融合，即从最早的轨道交通站点与商业空间之间的地下通道、下沉广场连接，升级为站点与上方中庭、公共空间直接连接；从单一商业联动开发，逐步升级为TOD开发带动的一体化片区综合开发；从地铁站周边新建开发，逐步兼顾TOD引导下的城市更新。

二是容积率政策：上海市对交通周边或特定地段容积率有额外奖励，高于国家标准。上海市出台了容积率奖励政策，在《关于加强容积率管理全面推进土地资源高质量利用的实施细则（2020版）》明确提出，未出让地块之间可进行开发规模平衡转移，商业办公地块容积率可以达到4.0以上，住宅地块容积率原则上不大于2.5。

三是立体开发政策：上海市提出轨道交通综合开发的分层开发、分层确权登记政策。《关于推进本市轨道交通场站及周边土地综合开发利用的实施意见》（2016）提出在确保轨道交通功能需求和运营安全的前提下，对轨道交通场站及周边土地实施立体开发。探索“综合用地”规划和土地复合利用方式，体现“功能混合、立体复合、生态宜居”的规划理念，与地区发展整体联动，进一步提高土地节约集约利用水平。《上海市城市总体规划（2017-2035）》鼓励建设用地功能复合优化，探索商业、办公、居住、公共设施与市政基础设施等用地的集约复合开发，重点推进轨道交通场站周边地区的综合开发利用，引导大学校区、工业园区与居住社区的融合发展。《关于加快实施本市轨道交通车辆基地及周边土地综合开发利用的意见（沪府办〔2020〕69号）》进一步指出在确保轨道交通功能需求和运营安全的前提下，对轨道交通车辆基地及周边土地实施立体开发。探索“综合建设用地”规划和土地符合利用方式，体现“功能混合、立体复合、生态宜居”的规划理念，与地区发展整体联动，进一步提高土地节约集约利用水平。

③ 理念规划相关政策。

一是理念认知政策：上海将TOD综合开发作为优化城市空间开发、品质提升的重要方式。《上海市城市总体规划（2017—2035）》提出加强土地集约复合利用，以TOD为导向，各种功能设施综合设置、集中布局、集约发展，促进职住平衡和产城融合。《关于加快实施本市轨道交通车辆基地及周边土地综合开发利用的意见（沪府办〔2020〕69号）》提出以公共交通导向（TOD）理念为指导，推进轨道交通车辆基地周边综合开发利用，体现综合交通效益，促进城市与交通协调发展。《关于加强容积率管理全面推进土地资源高质量利用的实施细则（2020版）》倡导以公共交通为导向的城市空间发展模式，围绕轨道交通站点集聚城市功能，适度提高站点周边土地开发强度，地上地下整体开发，打造紧凑集约、运行高效的城市格局。《上海市综合交通发展“十四五”规划》提出，充分践行公共交通引导发展（TOD）理念，加快推动站城融合。

二是规划融合政策：上海市规定轨道交通规划与城市国土空间规划同步编制。如《关于推进本市轨道交通场站及周边土地综合开发利用的实施意见》（2016）提出，在轨道交通网络规划编制中，要根据城市开发边界和地区功能布局，同步研究各场站综合开发的总体要求。在轨道交通专项规划编制中，同步研究各场站综合开发的规划控制要求，条件成熟的场站可达到控制性详细规划深度。《关于加快实施本市轨道交通车辆基地及周边土地综合开发利用的意见（沪府办〔2020〕69号）》提出，在规划编制中根据城市开发边界和地区功能布局，同步研究各车辆基地综合开发的总体要求，原则上应达到控制性详细规划深度，并明确各车辆基地的功能定位、开发范围、开发规模和相关控制要素等，作为轨道交通项目启动的条件。市规划资源局和市交通委结合市轨道交通车辆基地综合开发利用规划建设以及轨道交通项目选线专项规划编制，在与国土空间规划以及地区开发需求衔接的基础上，确定本市轨道交通车辆基地及周边综合开发利用的总体要求。

三是体系完善方面：上海市出台了TOD综合开发相关的实施意见、建设导则等政策性文件。如《上海市轨道交通车辆基地综合开发利用建设导则（试行）》（2014）、《关于推进本市轨道交通场站及周边土地综合开发利用的实施意见》（2016）、《关于加快实施本市轨道交通车辆基地及周边土地综合开发利用的意见（沪府办〔2020〕69）》等，虽然尚缺乏相应的技术导则和实施细则，但为TOD发展提供了基本的政策支持。

④ 审批协调相关政策。

在协调机制上，上海市TOD开发成立了综合开发领导小组，但领导小组的级别较低。《关于推进本市轨道交通场站及周边土地综合开发利用的实施意见》提出，在市轨道交通指挥部下设轨道交通场站及周边土地综合开发利用工作领导小组，由指挥部总指挥兼任领导小组组长，市相关部门和单位作为领导小组成员。《关于加快实施本市轨道交通车辆基地及周边土地综合开发利用的意见（沪府办〔2020〕69号）》提出，在市轨道交通指挥部下设轨道交通车辆基地及周边土地综合开发利用专项工作组，加强总体层面的工作统筹和综合开发规划方案等重要事项的协调，推进综合开发与轨道交通项目同步实施。市相关部门和单位作为专项工作组成员，办公室设在轨道交通建设运营主体。

在审批流程上，上海市在TOD开发建设方面仅笼统提出进行审批支持，但缺乏细则。如《关于推进本市轨道交通场站及周边土地综合开发利用的实施意见》(2016)提出各相关部门在轨道交通场站及周边土地综合开发利用项目的规划、审批、建设、运营过程中，要积极给予支持，明确各自的责任分工，确保上盖开发各项工作得到有效落实。《关于加快实施本市轨道交通车辆基地及周边土地综合开发利用的意见（沪府办〔2020〕69 号）》提出，开发利用项目的规划、审批、建设、运营过程中，给予积极支持，明确各自的责任分工，确保上盖开发各项工作得到有效落实。

⑤ 市场运用相关政策。

在参与主体方面，上海市 TOD 开发建设对各参与主体没有明确要求，政策宽松，鼓励各合作方依据市场规则参与 TOD 综合开发。如《关于推进本市轨道交通场站及周边土地综合开发利用的实施意见》中提出，充分发挥区政府和轨道交通建设主体的各自优势，原则上由项目所在区政府组织实施轨道交通场站综合开发，鼓励相关企业、轨道交通建设主体单独或联合设立开发主体。《关于加快实施本市轨道交通车辆基地及周边土地综合开发利用的意见（沪府办〔2020〕69 号）》由轨道交通建设运营主体通过遴选方式选择合作方，共同研究提出综合开发规划设计方案。由市规划资源局会同所在区政府、市交通委开展相关工作，加强规划控制、土地控制、规划统筹、业务协调和推进督促。

在合作模式上，上海市鼓励多主体强强联合，充分探索。《关于加快实施本市轨道交通车辆基地及周边土地综合开发利用的意见（沪府办〔2020〕69 号）》提出要充分发挥市、区两级政府合力，按照轨道交通车辆基地综合开发市区联手、以市为主的模式，探索轨道交通车辆基地及周边土地综合开发利用的有效推进机制。

总结来看，目前上海市在轨道交通 TOD 开发方面主要出台的政策及要点如表 5-7 所示。

表5-7　上海市轨道交通TOD核心政策列表

指标	具体规定	政策来源
用地保障	**土地储备：**①对新建轨道交通场站综合建设用地，由所在区政府按照现行分工负责征收，完成土地储备形成“净地”。对既有轨道交通场站综合建设用地，所在区政府在充分做好相关风险评估的前提下，可收回已划拨供应的轨道交通市政设施用地。②根据轨道交通车辆基地周边地区用地条件、地块规划功能及用地完整性等实际情况和轨道交通资金平衡需要，确定车辆基地周边综合开发范围	《关于推进本市轨道交通场站及周边土地综合开发利用的实施意见》(2016)、《关于加快实施本市轨道交通车辆基地及周边土地综合开发利用的意见(沪府办〔2020〕69号》
	土地优惠：轨道交通场站综合建设用地开发，涉及地下经营性部分，地价按照本市相关规定收取	《关于推进本市轨道交通场站及周边土地综合开发利用的实施意见》(2016)
综合开发	**站点分级分类：**城市中心型、近郊邻里中心型、远郊新城建设型、枢纽新城型、主城枢纽更新型、片区一体化整合更新型	《上海市轨道交通车辆基地综合开发利用建设导则(试行)》(沪建联〔2014〕737号)
	容积率：未出让地块之间可进行开发规模平衡转移，商业办公地块容积率可以达到4.0以上，住宅地块容积率原则上不大于2.5	《关于加强容积率管理全面推进土地资源高质量利用的实施细则(2020版)》

续表

指标	具体规定	政策来源
	立体开发：在确保轨道交通功能需求和运营安全的前提下，对轨道交通车辆基地及周边土地实施立体开发。探索“综合建设用地”规划和土地符合利用方式，体现“功能混合、立体复合、生态宜居”的规划理念，与地区发展整体联动，进一步提高土地节约集约利用水平	《关于推进本市轨道交通场站及周边土地综合开发利用的实施意见》(2016)、《关于加快实施本市轨道交通车辆基地及周边土地综合开发利用的意见(沪府办〔2020〕69号)》
理念规划	**理念规划**：①轨道交通场站综合开发利用规划编制，要体现公共交通导向（TOD）模式，加强区域研究评估，以场站用地为基础，适当扩大范围确定规划编制范围。②加强土地集约复合利用，以TOD为导向，各种功能设施综合设置、集中布局、集约发展，促进职住平衡和产城融合。③充分践行公共交通引导发展（TOD）理念，加快推动站城融合	《关于推进本市轨道交通场站及周边土地综合开发利用的实施意见》(2016)、《上海市城市总体规划(2017—2035)》《上海市综合交通发展“十四五”规划》
	规划融合：①在轨道交通网络规划编制中，要根据城市开发边界和地区功能布局，同步研究各场站综合开发的总体要求。在轨道交通专项规划编制中，同步研究各场站综合开发的规划控制要求，条件成熟的场站可达到控制性详细规划深度。②在与国土空间规划以及地区开发需求衔接的基础上，确定本市轨道交通车辆基地及周边综合开发利用的总体要求	《关于推进本市轨道交通场站及周边土地综合开发利用的实施意见》(2016)、《关于加快实施本市轨道交通车辆基地及周边土地综合开发利用的意见(沪府办〔2020〕69号)》

续表

指标	具体规定	政策来源
审批协调	**审批协调**：开发利用项目的规划、审批、建设、运营过程中，给予积极支持，明确各自的责任分工，确保上盖开发各项工作得到有效落实	《关于加快实施本市轨道交通车辆基地及周边土地综合开发利用的意见（沪府办〔2020〕69 号）》、《关于推进本市轨道交通场站及周边土地综合开发利用的实施意见》
	协调机制：在市轨道交通指挥部下设轨道交通场站及周边土地综合开发利用工作领导小组，由指挥部总指挥兼任领导小组组长，市相关部门和单位作为领导小组成员	
市场运用	**参与主体**：① 充分发挥区政府和轨道交通建设主体的各自优势，原则上由项目所在区政府组织实施轨道交通场站综合开发，鼓励相关企业、轨道交通建设主体单独或联合设立开发主体。② 由轨道交通建设运营主体通过遴选方式选择合作方	《关于推进本市轨道交通场站及周边土地综合开发利用的实施意见》《关于加快实施本市轨道交通车辆基地及周边土地综合开发利用的意见（沪府办〔2020〕69 号）》
	合作模式：充分发挥市、区两级政府合力，按照轨道交通车辆基地综合开发市区联手、以市为主的模式，探索轨道交通车辆基地及周边土地综合开发利用的有效推进机制	

3. 深圳

（1）深圳市社会经济发展及城市轨道交通发展概况。

2021 年深圳实现地区生产总值 30 664.85 亿元，比上年增长 6.7%。其中，第一产业增加值 26.59 亿元，增长 5.1%；第二产业增加值 11 338.59 亿元，增长 4.9%；第三产业增加值 19 299.67 亿元，增长 7.8%。

第一产业增加值占全市地区生产总值的比重为 0.1%，第二产业增加值比重为 37.0%，第三产业增加值比重为 62.9%。人均地区生产总值 17 3663 元（按年平均汇率折算为 26 918 美元），增长 5.0%。全市年末常住人口 1 768.16 万人。其中，常住户籍人口 556.39 万人，占常住人口比重为 31.5%；常住非户籍人口 1211.77 万人，占常住人口比重为 68.5%。全年固定资产投资比上年增长 3.7%。基础设施投资增长 5.4%，占固定资产投资的比重为 26.0%[①-②]。

深圳作为改革开放的前沿阵地，近年来在轨道交通建设方面取得了较大进展。2004 年 12 月 28 日，深圳地铁 1 号线一期工程（罗湖—世界之窗）正式开通，深圳成为我国内地第 8 个开通地铁的城市，从此迈入轨道交通时代。自 2004 年首条线路开通以来，至 2021 年年底深圳地铁已累计运送乘客 144.46 亿人次，城市轨道交通全市公共交通分担率最高超过 60%（含港铁深圳 4 号线），线网建设密度、客流强度、通勤便捷性、智慧出行等指标位居中国内地城市第一，列车准点率、运营服务时长及线网客运强度等多项主要运营指标位于全国前列。经过近 20 年的发展，深圳市轨道交通运营线路（含有轨电车）13 条，线网长度达到 431 千米，全市城市轨道交通线网密度达 0.22 千米 / 平方千米（轨道交通运营历程/行政区面积），连续多年位列全国第一。

根据《深圳市城市轨道交通第四期建设规划（2017—2022）》，2022 年年底前深圳市城市轨道交通四期 12 号线、14 号线、16 号线、6 号线支线、11 号线东延段（福田—岗厦北）以及 10 号线岗厦北站将陆续开

① 深圳市统计局．深圳市 2021 年国民经济和社会发展统计公报[DB/OL]．http://tjj.sz.gov.cn/ zwgk/ zfxxgkml/tjsj/ tjgb/content/post_9763042.html. 2022-05-07.
② 深圳市统计局．2021 年深圳经济运行情况[DB/OL]．http://www.sz.gov.cn/cn/xxgk/zfxxgj/tjsj/tjfx/content/post_9547496. html. 2022-01-28.

通初期运营。届时，深圳市地铁运营线路将达到 16 条，车站 369 座（含换乘站），运营里程增至 547 千米，出行起终点由 83 521 个增至 136 900 个。按照《深圳市轨道交通线网规划（2016—2030）》规划方案，未来还将继续新增 16 条轨道线路，除加密城市中心区轨道网络覆盖度和密度外，重点将进一步加强城市中心区与宝安、光明、龙华、龙岗、坪山等城市新城区之间的交通联系，促进城市各项资源要素流动，带动城市新城区发展，达到优化城市空间格局的效果。

（2）深圳市城市轨道交通 TOD 发展概况。

深圳是中国内地较早实践轨道交通 TOD 模式的城市之一。由于土地资源紧张、城市功能需求复杂，TOD 模式已然成为深圳城市交通建设进行更新与开发的首选模式。

深圳轨道交通在“串线成网”的同时，也在构建城市发展的“纵向空间”，通过利用地铁上盖和地下空间，进一步拉开深圳城市骨架，持续完善城市功能，使人口和产业资源加速流动，最大限度促进“产城融合”。深圳通过“轨道+物业”模式，实现“轨道+TOD”的综合开发，形成了“自我造血”机制。在商业空间整合赋能方面，深圳市轨道交通实现与中心商圈的地下连通，发挥地铁的纽带作用，全面拓展物业租售经营、物业服务、文化传媒、文创产品、广告等多个业务（见表 5-8）。相较于其他轨道交通公司依赖政府补贴的城市，深圳市地铁集团有限公司 2021 年得到的补贴在 2 亿元及以下，主要是因为深圳市地铁集团有限公司开发房地产业务获得了较多收入。2021 年深圳市地铁集团有限公司在站城一体化开发（轨道站点房地产开发）实现 95.71 亿元营收及 3.57 亿元的物业管理收入①。

① e车网轨道交通资讯．被地铁抛弃的城市，还有选择么？[EB/OL]. https://mp.weixin.qq.com/s/nC9EdMYqr6yEmr6e_UmlGw. 2022-09-21.

表 5-8 深圳市已建和在建轨道车辆枢纽概况一览表

阶段	车辆段名称	地址	周边用地开发情况	规模	主要功能	投资建设模式
第一阶段	竹子林车辆段	城市中心区外围地区	周边临近住宅区、公园绿地和大型交通设施，周边用地建成度较高	占地面积1.93万公顷，总建筑面积4.5万平方米	以交通功能为主，主要包括检修、仓储辅助及配套生活区	政府投资
	龙华车辆段	新城区	周边临近住宅区，周边建成度不高	占地面积约20.4公顷，总建筑面积20.6万平方米	以居住功能为主，主要有商品房、配套商业、文化中心、幼儿园等	政府+市场投资
第二阶段	前海车辆段	城市中心区商务办公中心	周边均为商业办公室，周边用地建成度不高	占地面积50.9公顷，总建筑面积127.8万平方米	以商业功能为主，主要有商品房、办公楼、公寓、酒店、保障性住房、大型商业综合体、其他公共服务设施等	政府+市场投资
	蛇口西车辆段	城市中心区外围地区	周边为住宅和产业用地，周边用地建成度较高	占地面积17.5公顷，总建筑面积30.6万平方米	以居住功能为主，主要包括商品房、配套商业	政府+市场投资
	横岗车辆段	新城区	周边为城中村、住宅区和大片生态区，周边建成度不高	占地面积约44.24公顷，总建筑面积52万平方米	以居住功能为主，具体包括商品房、保障房、商业办公、公共配套设施等	政府+市场投资

续表

阶段	车辆段名称	地址	周边用地开发情况	规模	主要功能	投资建设模式
	塘朗车辆段	新城区	周边紧邻大学园和大片生态空间，周边建成度不高	占地面积约23.5公顷，总建筑面积75.54万平方米	以商业和居住功能为主，主要包括办公楼、商品房、保障性住房、配套商业以及公共配套设施等	政府+市场投资
	深云车辆段	新城区	北大片区生态区包围，周边用地建成度不高	占地面积约31.84公顷	文体公园	政府投资
	侨城东车辆段	城市中心区外围地区	周边临近住宅区，公园绿地和交通设施	占地面积约22.8公顷	检修、仓储辅助及运单、单位办公生活区	政府投资
第三阶段	松岗车辆段	新城区	周边以产业用地为主，周边用地建成度不高	占地面积约42.1公顷，总建筑面积79.61万平方米	以住宅功能为主，主要有商品房、保障房各类商业设施及其他公共配套	政府+市场投资
	长圳车辆段	新城区	周边以产业、居住用地为主、周边用地建成度不高	占地面积约89公顷，总建筑面积164.7万平方米	以住宅功能为主，主要有保障房、商品房、各类商业设施及其他公共配套	政府+市场投资

资料来源：现代城市轨道交通.深圳市城市轨道交通车辆基地空间综合开发利用发展历程与成果[C/OL].https：//mp.weixin.qq.com/s/4Pp1VU9rT_thqIOtQlAYKg.2021-11-2514：18.

（3）深圳市城市轨道交通TOD政策要点。

①用地保障相关政策。

一是土地储备政策。深圳市对城市轨道交通综合开发的土地收储仅有笼统规定。《深圳市轨道交通项目专项债券管理办法（试行）》提出，市规划国土部门应按照轨道交通规划做好轨道交通及配套交通设施用地的控制管理，并优先安排有关用地，保障一体化交通网络建设发展的需要。

二是土地优惠政策。深圳市在TOD开发建设方面有土地价格优惠，尤其是对上盖物业开发提供了较大支持。《深圳市轨道交通条例征求意见稿及起草说明》提出，综合开发的土地地价，按未建轨道交通时的地价核定出让给轨道交通运营单位开发。综合开发的土地价款，按先开发后上缴原则，根据开发进度分期缴纳；对车辆段上盖，属于土地第二次利用的，免征地价或先征后缓。《深圳市国有土地使用权作价出资暂行办法》指出国有土地使用权作价出资在市地铁集团有限公司、市机场（集团）有限公司、市特区建设发展集团有限公司先行先试，确保封闭运行，风险可控。土地使用权在使用年期内可以依法转让、出租、抵押或用于其他经济活动。深圳市的土地作价出资方式成为后续很多城市学习的样本。

② 综合开发相关政策。

在站点分级分类方面，深圳市由市政府出台设计导则，将轨道交通TOD规划设计细分为城市型、社区型、特殊型3类，并因地制宜地制定了量化要求和实施细则。

在容积率方面，深圳市通过土地出让条件设置、容积率奖励等政策，使得住宅容积率高于国家标准，但对TOD站点周边容积率无特殊规定。

在立体开发方面，深圳市规定地下空间和TOD综合开发实施分层开发、分层确权登记。如《深圳市地铁空间综合开发与登记暂行办法》提出，地铁空间根据需要将每一层或者每一层不同功能的空间划设为一个独立宗地单元出让建设用地使用权，但附属设施、设备共用的地铁空间不得划设为不同的宗地分别出让，并不得分割转让。

③ 理念规划相关政策。

在理念认知方面，TOD模式已然成为深圳城市更新与城市开发的首选模式。深圳市《深圳市综合交通“十三五”规划》提出，积极推行TOD开发模式。加强城市土地利用和公共交通的协调发展，结合轨道交通和组团中心建设，适度提高轨道站点周边和公交便利的中心城区土地使用强度，提升城市发展集约度，引导市民公交出行。

在规划融合方面，《深圳市轨道交通条例征求意见稿及起草说明》提出，轨道交通线网总体规划、近期建设规划、各线路的详细规划和轨道交通配套设施规划应纳入城市总体规划、各层次城市规划和城市更新规划，并推动轨道交通规划与城市其他各专项规划相衔接。

在体系完善方面，深圳市现有出台的政策主要集中于轨道交通项目建设管理、轨道交通条例、土地管理、地下空间开发等方面，目前还未出台TOD综合开发的实施意见、细则与技术导则等专门文件，而且由于很多政策文本出台时间较早，目前面临失效或与当前经济社会发展情况不完全适应的窘境。因此深圳市TOD政策体系化程度相对较低。

④ 审批协调相关政策。

在协调机制方面，深圳市目前设立了统一的轨道交通议事协调机构，即深圳市轨道交通建设指挥部，负责统筹和协调深圳市轨道交通规划、投资、建设、综合开发及运营管理涉及的重大事项。但这一指挥部主要负责轨道交通建设，未成立专门的关于轨道交通TOD综合开发的协调机制（见图5-1）。

在审批流程方面，深圳市在提升城市轨道交通综合开发项目的审批效率方面有一些政策支持。《深圳市轨道交通项目建设管理规定（送审稿）》（2019）提出，轨道交通项目通过投资项目在线审批监管平台，实行在线审批。在线平台单设轨道交通项目报建审批模块，建立信息数据库，实现全网审批和信息共享。

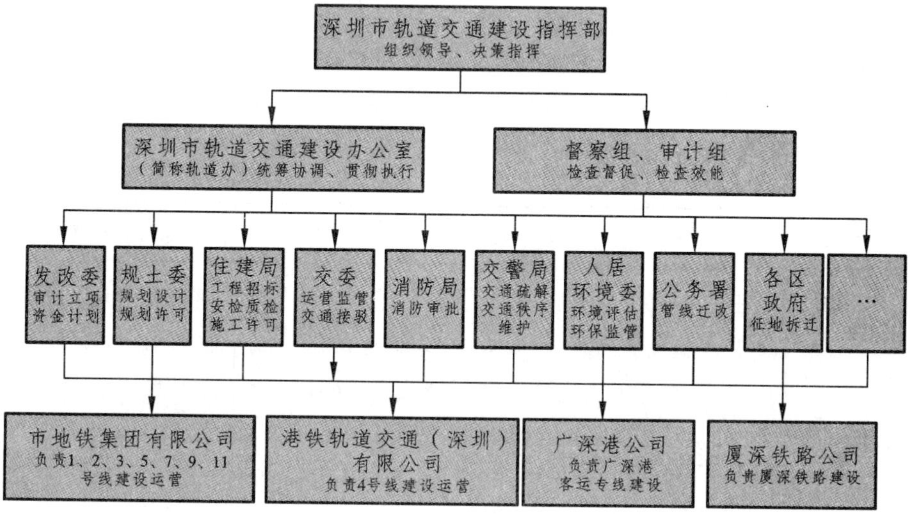

图5-1　深圳市轨道交通建设指挥部

资料来源：深圳市人民政府. 成立深圳市轨道交通建设指挥部及办公室[EB/OL]. http://www.sz.gov.cn/zfgb/2005/gb470/content/post_4943290.html. 2005-11-2

⑤ 市场运用相关政策。

在参与主体方面，深圳市轨道交通建设资金通过多渠道、多方式筹集，鼓励社会主体参与TOD综合开发项目。同时指出地铁项目开发主体建设地铁车辆段上盖平台，可视为土地整备，地铁项目开发主体有权获得开发成本加合理利润的补偿。

在合作模式方面，深圳市鼓励轨道交通TOD综合开发主体积极探索多种方式推进项目建设。《深圳市地铁空间综合开发与登记暂行办法》提出，修建地铁时按照规划开发形成的与地铁连通的独立地下经营性空间，经招标、拍卖或者挂牌公开出让方式出让于其他用地主体的，地铁项目开发主体有权获得开发成本加合理利润的补偿。采用招标方式确定地铁项目投资建设主体的，在地铁项目招标时，可以将与地铁连通的独立地下经营性空间开发权一并招标。

总结来看，目前深圳市在轨道交通TOD开发方面主要出台的政策及要点如表5-9所示。

表5-9　深圳市轨道交通TOD核心政策

指标	具体规定	政策来源
用地保障	**土地储备：**市规划国土部门应按照轨道交通规划做好轨道交通及配套交通设施用地的控制管理，并优先安排有关用地，保障一体化交通网络建设发展的需要	《深圳市轨道交通项目专项债券管理办法（试行）》（2017）
	土地优惠：①综合开发的土地地价，按未建轨道交通时的地价核定出让给轨道交通运营单位开发。综合开发的土地价款，按先开发后上缴原则，根据开发进度分期缴纳；对车辆段上盖，属土地第二次利用的，免征地价或先征后缓。②与地铁连通的独立地下经营性空间开发权与地铁项目一并招标的，或者经市政府确定由地铁项目开发主体开发的，按照用途和使用期限以撇除地铁建设因素的市场评估地价标准计算地价。③轨道交通用地可以采取划拨或者协议方式供地	《深圳市轨道交通条例征求意见稿及起草说明》（2010）、《深圳市地铁空间综合开发与登记暂行办法》（2015）、《深圳市轨道交通项目建设管理规定》（2021）

续表

指标	具体规定	政策来源
综合开发	**站点分级分类：**城市型、社区型、特殊型	
	立体开发：地铁空间根据需要可将每一层或者每一层不同功能的空间划设为一个独立宗地单元出让建设用地使用权，但附属设施、设备共用的地铁空间不得划设为不同的宗地分别出让，并不得分割转让	《深圳市地铁空间综合开发与登记暂行办法》（2015）
理念规划	**理念认知：**加强城市土地利用和公共交通的协调发展，结合轨道交通和组团中心建设，适度提高轨道站点周边和公交便利的中心城区土地使用强度，提升城市发展集约度，引导市民公交出行	《深圳市综合交通“十三五”规划》
	规划融合：轨道交通规划包括线网总体规划、近期建设规划、各线路的详细规划和轨道交通配套设施规划。市规划国土部门应将轨道交通规划纳入城市总体规划、各层次城市规划和城市更新规划，并负责轨道交通规划与城市其他各专项规划的衔接	《深圳市轨道交通条例征求意见稿及起草说明》
审批协调	**审批流程：**轨道交通项目通过投资项目在线审批监管平台，实行在线审批。在线平台单设轨道交通项目报建审批模块，建立信息数据库，实现全网审批和信息共享	《深圳市轨道交通项目建设管理规定（送审稿）》（2019）
	协调机制：深圳市政府设立统一的轨道交通议事协调机构，负责统筹和协调深圳市轨道交通规划、投资、建设、综合开发及运营管理涉及的重大事项	《深圳市地铁空间综合开发与登记暂行办法》

续表

指标	具体规定	政策来源
市场运用	**参与主体：**（1）轨道交通建设资金通过多渠道、多方式筹集。鼓励国内外企业和其他组织投资建设和运营轨道交通。（2）地铁项目开发主体建设地铁车辆段上盖平台，可视为土地整备，地铁项目开发主体有权获得开发成本加合理利润的补偿	《深圳市轨道交通条例征求意见稿及起草说明》《深圳市地铁空间综合开发与登记暂行办法》
	合作模式：修建地铁时按照规划开发形成的与地铁连通的独立地下经营性空间，经招标、拍卖或者挂牌公开出让方式出让于其他用地主体的，地铁项目开发主体有权获得开发成本加合理利润的补偿。采用招标方式确定地铁项目投资建设主体的，在地铁项目招标时，可以将与地铁连通的独立地下经营性空间开发权一并招标	《深圳市地铁空间综合开发与登记暂行办法》

4. 小结

北京、上海、深圳作为我国较早开始轨道建设的城市，对TOD模式的探索也相对较早。但在全国43个轨道交通开通样本城市的TOD政策指数排名中，除上海排名较靠前（排名第5）外，深圳（排名第19）和北京（排名第23）均处于中等水平。

基于中国城市轨道交通TOD发展政策指数分析，北京、上海、深圳在城市轨道交通TOD建设的用地保障政策颁布上，明显不足，尤其是土地储备政策指数排名较为靠后。原因可能是这些城市开通轨道交通的时间较早，轨道交通建设时期主要以满足客流需求为主，站点周边大多是已建成的用地，因此目前这些城市的TOD开发更多的是与城市更新和上盖开发相伴随。在此过程中，地方政府在TOD开发项目中没有丰富的可利用土地，因此在实际工作中也难以出台大规模的土地储备政策来推进TOD开发。在综合开发政策方面，北京、上海、深圳的站点分级分类、容积率、立体开发均有待提升，尤其是需要依托TOD项目推进特殊区域容积率的适度提升、立体空间开发与一体化设计，从而形成立足城市整体发展战略的TOD引领城市发展格局。在理念规划政策方面，多规融合仍需提升，尤其是需要强化TOD发展战略与城市国土空间规划、交通规划的同步编制，完善轨道交通TOD相关政策体系，探索推进更具指导性的TOD实施细则、技术导则和配套文件等TOD专项政策文件的出台。在协调机制政策方面，北京、上海、深圳目前均缺乏高级别的、专门性的TOD领导小组，协调力度不够强。但三个城市均特别注重市场力量的运用，尤其是注重引入多元市场主体，采取多种合作模式，推进轨道交通建设运营与TOD综合开发的可持续发展。

由此，通过上述三个例子的分析可知，对于轨道交通建设滞后于城市开发的城市，开展TOD综合开发会面临较大的土地保障掣肘，同时在多规融合上也面临一体化规划难以落地实施等难题。但这些城市的TOD发展模式仍提供了较多启示：① TOD模式规划需提前开展，对于未开发用地较为集中的地区，可优先考虑轨道交通TOD模式发展的可行性；对于未开发用地不足的地区，可考虑将轨道交通作为城市改造的引导因素，以轨道建设带动城市地区的改造完善，形成“轨道交通+地区改造”一体化的发展模式。② 市场基础比较好的城市，可在TOD综合开发过程中，较多借助市场力量，充分发挥市场主体作用，推动更多TOD项目的落地实施。③ TOD综合开发涉及方方面面，建立一个良好的协调机制至关重要。可考虑建立高级别领导任组长的轨道交通及TOD综合开发领导小组，同时建立项目推进制度平台，改变项目审批协调局面，形成规范化、制度化的项目推进模式，改进相关管理审批流程、加强部门协同与创新。

（三）轨道交通后发城市TOD政策典型案例

虽然各个城市的经济规模、人口密度甚至历史文化等都存在诸多差异，但城市在轨道交通TOD开发过程中仍面临诸多相似的困境与难题，也存在相似的诉求与举措。例如如何保障TOD综合开发用地，如何以TOD原则和理念指导轨道交通站区的规划设计，如何协调各相关主体的利益，快速推进TOD项目的发展等等，这些也是激发各个城市TOD发展潜力的关键。

根据中国城市轨道交通TOD政策指数得分及排名，成都、东莞等作为城市总体排名中位列第一、第二的城市，可视为TOD政策指数的标杆城市。但是两个城市间在经济规模、人口规模、轨道交通规模以及政治地位等方面存在着巨大的差异（见表5-10）。但是这两个城市都极为重视城市轨道交通TOD的发展，并出台了一系列政策来支持TOD的发展。对这两个城市的详细案例介绍可以为其他类似的城市提供参考。

表5-10 成都、东莞城市发展情况对比

城市	成都	东莞
2021年GDP/亿元	19 916.98	10 855.35
GDP增长率	8.60%	8.20%
人均GDP/元	94 622	103 284
常住人口/万人	2 119.2	1 053.7
城市地位	副省级城市、国家中心城市	未设置市辖区的地级市

续表

城市	成都	东莞
轨道交通线路数量/车站数量	12（333）	1（15）
轨道交通（地铁）运营里程/公里	518.5	37.8
城市面积/平方公里	14 335	2 465
轨道交通里程（远期规划，2035）/公里	1 666	473

数据来源：2021 年成都市、东莞市国民经济和社会发展统计公报整理。

1. 成都市

（1）成都市社会经济及城市轨道交通发展概况。

成都市是中国西部的国家中心城市，经济社会发展水平突出。2021 年成都市的地区生产总值达到 19 916.98 亿元，在全国 343 个大陆城市中排名第七；人均地区生产总值也达到 9.4 万元。与此同时，成都市 2021 年末常住人口数已达到 2 119 万，位列全国第四。快速发展的经济和不断增长的人口推动成都逐渐形成了以轨道交通为主导的城市公共交通系统。

2010 年 9 月，成都轨道交通 1 号线正式开通运营，这是成都第一条地铁线。2015 年成都提出轨道交通加速成网。截至 2021 年年底，成都市地铁运营线路总长度已达 518.5 公里；远期（2035 年）将达到 36 条线路，1 666 公里规模；远景（2050 年）将达到 55 条线路，2 382 公里规模。

（2）成都城市轨道 TOD 发展历程。

2017 年《轨道交通场站综合开发的实施意见》的出台标志着成都城市轨道交通 TOD 综合开发正式起步。在政策的支持下，2018 年成都确立 14 个 TOD 示范项目，2019 年首个 TOD 综合开发示范项目——陆肖站TOD开工，标志着成都正式进入“TOD建设元年”。2020年新增两个TOD示范项目，首批16个TOD项目的区域分布及项目特点正式发布，其遍布成都14个区（市）县，建设规模空前。截止2021年年底，首发的16个TOD示范项目已全部完成一体化城市设计并陆续进入建设阶段。其中陆肖TOD、梓潼宫TOD、二江寺TOD等项目的住宅去化率超95%；新津TOD一期住宅已交房验收，其余站点住宅也陆续开盘。总体来看，成都市16个TOD综合开发示范项目的住宅平均去化率均超过70%，推进速度快（见表5-11）。

表5-11　成都市16个首批示范站点TOD情况

名称	级别	所处区域	当前进度（截至2022年4月）
三岔TOD站点	城市级站点	简阳市	项目一、二批次主体结构已顺利封顶
马厂坝TOD站点	片区级站点	青羊区	项目首批次主体结构，二次结构均已完成
双流西TOD站点	片区级站点	双流区	项目住宅一批次已实现封顶，二批次即将入市亮相
陆肖TOD站点	片区级站点	高新区	项目一、二、三批次已全面封顶，正在进行精装工程
新津TOD站点	片区级站点	新津区	项目一期住宅已完成交房，二期已进入基础施工阶段
廖家湾TOD站点	组团级站点	新都区	项目部分地块建筑已经修到地上7、8层，地铁站两侧地块也进入基坑施工阶段
幸福桥TOD站点	组团级站点	金牛区	项目首批次已全面封顶，精装和景观工程完成度均超过80%

续表

名称	级别	所处区域	当前进度（截至2022年4月）
梓潼宫TOD站	组团级站点	郫都区	一批次精装工程即将全面完成，二批次正在为入市亮相全力筹备
行政学院TOD站点	组团级站点	龙泉驿区	南侧4号、5号地块主体全部封顶；北侧项目现场正在进行土方及局部主体施工
双凤桥TOD站点	组团级站点	武侯区	项目前三批次已全面封顶，精装工程进度即将过半
龙潭寺东TOD站点	一般站点	成华区	项目首批次主体结构、二次结构均已完成，精装完成度超过70%
崔家店TOD站	一般站点	成华区	进入主体施工阶段
万盛站TOD站点	一般站点	温江区	已进入主体结构施工，部分楼栋已封顶
四川师大TOD站点	一般站点	锦江区	项目首个开工地块正在进行土方挖运
二江寺TOD站	一般站点	双流区	住宅各楼栋施工均达到预售楼层

资料来源：网络公开资料整理。

（3）成都城市轨道交通TOD政策要点。

成都市城市轨道交通TOD政策指数综合得分在43个开通地铁的样本城市中排名第一。在用地保障、综合开发、理念规划、审批协调5个分项指标中排名第一，市场运用指标排名第三，仅次于东莞和广州。

① 用地保障相关政策。

一是土地储备政策。TOD综合开发的核心是土地一体化综合开发。这就首先要求对站点周边的土地进行统一管控。2017年9月，成都市人民政府发布的《成都市轨道交通专项资金筹措方案》提出，“锁定土地，在轨道交通线网规划阶段，同步锁定轨道交通沿线土地资源”。2017年11月发布的《轨道交通场站综合开发的实施意见》中（简称《实施意见》）进一步提出：“以轨道交通站点为中心，按照一般站点半径500米、换乘站点半径800米确定综合开发用地范围”“车辆基地综合开发用地按包括车辆基地本地工程用地以及周边不低于本体工程用地规模两倍的开发用地确定综合开发用地范围”。

目前，成都市的TOD土地储备政策已覆盖到2035年的轨道交通线网，在2018年编制的《成都市轨道交通场站综合开发专项规划》中按照上述《实施意见》确定的综合开发用地划定原则对远期规划中的全部1 696公里线网、35条轨道线路、714个站点和80个车辆基地进行了系统梳理，划定了可综合开发的地块及用地范围。最终形成16个城市级站点、45个片区级站点、125个组团级站点和528个一般站点（包括179个无土地资源站点）的共计27.73万亩的土地资源管控总面积（见表5-12）。确定的TOD综合开发用地，由成都市国土局牵头进行管控，“各区（市）县政府和市级国有平台公司不得擅自组织出让”。

二是土地优惠政策：成都市2017年出台的《轨道交通场站综合开发的实施意见》规定采取“附条件招拍挂”的方式进行土地出让，即对于不具备单独规划建设条件的轨道交通场站综合开发用地而言，只有具备相应的轨道交通工程建设及运营经验，才能参与轨道交通场站综合开发用地的招拍挂。这意味着成都轨道交通集团有限公司是唯一有资格参与土地招拍挂的主体，同时上述《实施意见》中规定“土地出让起始价可按不考虑轨道交通因素的宗地评估价的70%确定，车辆基地上盖综合开发的成本纳入周边综合开发用地的整理成本”。2021年发布的《轨道交通场站综合开发用地管理办法》将上述规定进一步细化，区分了住宅类和商业服务业类轨道交通场站综合开发用地，并将自持比例纳入土地优惠条款中，规定“住宅类轨道交通场站综合开发用地起始（叫价）原则上按不考虑轨道交通因素的宗地评估价，且不低于宗地所在地级别同类型用地基准地价的 70%确定；商业服务业类轨道交通场站综合开发用地，按商业建筑面积持有比例不低于 70%，且不低于宗地所在地级别同类型用地基准地价的 70%确定”。这一政策降低了成都轨道交通集团有限公司获取土地的成本，有利于其参与 TOD 开发的激励。

表 5-12　成都市轨道交通 TOD 综合开发场站土地资源管控结果（2035 年远期规划）

站点级别	站点数量	土地资源情况
城市级站点	16 个	控制站点及土地资源：7 个站共 7 630 亩
		城市更新区域站点：9 个
片区级站点	45 个	控制站点及土地资源：34 个站共 24 124 亩
		城市更新区域站点：11 个
组团级站点	125 个	控制站点及土地资源：119 个站共 94 746 亩
		城市更新区域站点：6 个
一般站点	528 个	控制站点及土地资源：349 个站共 148 850 亩
		无土地资源站点：179 个
合计	714 个	站点土地资源管控总面积 277 350 亩

② 综合开发相关政策。

一是站点分级分类政策：TOD 综合开发的分级分类政策可以避免 TOD 同质竞争，最大化 TOD 开发的整体综合价值。成都市在广泛调研东京、香港、深圳等地的 TOD 发展模式后，在 2018 年发布的《成都市轨道交通场站综合开发专项规划》中提出，根据站点所在区位和周边发展状况进行分级分类开发，将轨道交道TOD站点划分为城市级、片区级、组团级和一般站点4个级别。在2021年发布的《成都市轨道交通TOD综合开发战略规划》中进一步提出四级五类的划分，在上述四级站点之外，又增加了商圈核心型、交通枢纽型、综合中心型、产业社区型和生活服务型五类（见表5-13）。

表5-13　成都市轨道站点TOD综合开发四级五类分级分类体系

四级分级体系		五类分类体系	
一级	城市级	一类	商圈核心型
二级	区域级	二类	交通枢纽型
三级	组团级	三类	综合中心性
四级	社区级	四类	产业社区型
		五类	生活服务型

资料来源：成都市规划设计研究院.成都市轨道交通TOD综合开发战略规划[EB/OL]. http：//www.cdipd.org.cn/index.php?m=content&c=index&a=show &catid=85&id=106.2021-03-18.

二是容积率政策：容积率政策可以实现对轨道交通站点周边开发强度的控制引导，是践行TOD高密度原则的关键规划要素。相比于2019年出台的《成都市轨道交通场站综合开发用地管理办法（试行）》，2021年出台的《成都市轨道交通场站综合开发用地管理办法》（成办发〔2021〕53号）将开发强度进一步向站点集中。新的《管理办法》提出："城市级站点开发建设用地容积率指标以城市设计方案合理性确定；区域级、组团级、社区级站点在落实轨道交通场站一体化城市设计、地上地下空间统筹规划实施，并配建必要的轨道交通配套实施情况下，其 100 米范围内开发建设用地容积率指标可在现有规划管理技术规定基础上适当上浮，区域级站点上浮比例不超过 20%，组团级、社区级站点上浮比例不超过 10%，并结合轨道交通场站一体化设计确定地块具体容积率指标”（见表 5-14）。

表 5-14　成都市轨道交通 TOD 综合开发场站容积率的确定办法

类型	容积率管控
城市级站点	以城市设计方案合理性确定
区域级站点	100 米范围内开发建设用地容积率指标可在现有规划管理技术规定基础上适当上浮，上浮比例不超过 20%
组团级、社区级站点	100 米范围内开发建设用地容积率指标可在现有规划管理技术规定基础上适当上浮，上浮比例不超过 10%

三是立体开发政策：立体空间，尤其是地下空间的合理利用与开发是拓展城市发展空间、推进 TOD 综合开发实现“适宜设计”原则中的关键一环。但由于地下空间利用权属性质不清、规划体系不完善、开发成本高昂等因素，包括城市轨道交通 TOD 在内的城市地下空间开发面临诸多掣肘。在探索地下空间的开发利用方面，截至 2021 年年底，成都市出台了一系列政策，包括《成都市城市地下空间开发利用管理办法（试行）》（2017）、《进一步鼓励开发利用城市地下空间的实施意见（试行）》（2020）、《成都市城市地下空间开发利用管理办法》（2020）等。

这些政策明确了地下空间开发的分层利用，价款优惠等支持性条款。其中，《成都市城市地下空间开发利用管理办法》（2020）提出以划拨方式提供地下建设用地使用权，不再计收地下建设用地使用权价款；以招拍挂方式有偿出让的，经集体决策，综合确定其出让起始价；

以协议方式出让的，主要为地表相应用途基准地价的25%或20%确定应缴土地出让价款。

③ 理念规划相关政策。

在理念认知方面，成都市在城市轨道交通大规模建设过程中，关于如何充分发挥轨道交通价值与作用的讨论从未停止。2013年成都市政府出台《成都市加快重点项目建设开展基础设施等重点领域补短板三年行动实施方案》，提出要以大尺度生态廊道建设引领城市空间结构调整优化。2014年《成都市绿色建筑行动工作方案的通知》进一步提出构建以TOD交通模式为引导的城镇组团空间布局。2017年《轨道交通场站综合开发的实施意见》的出台，正式确立了将TOD模式作为轨道交通引导城市空间布局的重要方式。2018年首次提出“公园城市”理念和城市发展新范式，“TOD+公园城市”发展路径应运而生。这之后，成都轨道交通TOD综合开发政策制定提速，先后出台《轨道交通场站综合开发专项规划》（2018）、《成都市轨道交通场站一体化城市设计导则》（2018）、《成都市轨道交通场站综合开发实施细则》（2018）、《成都市轨道交通场站综合开发用地管理办法（试行）》（2019）、《关于进一步鼓励开发利用城市地下空间的实施意见（试行）》（2020）等。TOD综合开发模式逐渐成为成都协调城市功能与空间布局、推动城市可持续发展的重要发展战略。

在规划融合方面，2017年发布的《轨道交通场站综合开发的实施意见（成府函〔2017〕183号）》中，提出要确定轨道交通场站综合开发规划管控体系。主要包括编制轨道交通场站综合开发专项规划、轨道交通场站一体化城市设计，最后再根据审定的一体化城市设计来调整或修改控制性详细规划。这些规划将与轨道交通线网规划或工程可行性研究同步展开，有利于保障综合开发用地需求，提升土地使用价值和开发收益。到2021年，编制形成了《成都市轨道交通TOD综合开发战略规划》，该战略规划纳入了成都城市总体规划，指导成都未来20年至30年的TOD综合开发工作。

在体系完善程度方面，成都自2017年发布《轨道交通场站综合开发的实施意见》以来，不断编制和完善TOD综合开发的相关政策文件。截至2021年年底，成都市已构建起以规划体系为引领，实施意见、实施细则为核心的(《成都市轨道交通TOD综合开发战略规划》《关于轨道交通场站综合开发的实施意见》《成都市轨道交通场站综合开发实施细则》)，全方位配套政策（如资金筹措、规划管理、技术规范、设计导则、用地管理、地下空间、消防安全、合作开发、商业运营、上盖综合开发技术规定等）为支撑的“1+2+N”的制度体系，营造了良好的TOD综合开发环境[①-②]。

④ 审批协调相关政策。

在协调机制上，成都市建立了轨道交通TOD综合开发的高级别领导小组。在2017年出台的《轨道交通场站综合开发的实施意见》中明确提出设立轨道交通综合开发工作领导小组。轨道交通综合开发工作领导小组由分管副市长担任组长，市发展改革委员会、市财政局、市国土局等十余个市政府相关部门、各区（市）县政府、成都轨道集团等作为成员单位，地位高权利大、可支配的资源比较充沛，负责统筹轨道交通场站综合开发相关的政策制定、规划管控、用地保障及综合开发建设等工作。2021年成都市将轨道交通综合开发工作领导小组与2014年设立的城市轨道交通建设工作联席会议和城市轨道交通

① 奔赴“未来之城”，成都TOD“八大策略”首次公开[EB/OL]. https://www.jiemian.com/article/5846950.html. 2021-03-23.

② 成都轨道城市投资集团.“137”圈层布局原则[EB/OL]. http://www.chengdutod. com/chengdu_mode.html.

建设指挥部进一步整合，设立成都市轨道交通建设和 TOD 综合开发领导小组，由市长任组长。在具体协调方式上，根据审议事项的类型及权限大小，分为领导小组工作会、领导小组调度会、领导小组办公室工作例会三个层次互补支撑的协调制度，并制定各自的主要职责与会议制度，形成城市轨道交通 TOD 综合开发的高级别常态化强有力的协调机制。

同时形成了有力的审批流程优化与保障。《成都市轨道交通场站综合开发用地管理办法》（成办发〔2021〕53 号）将轨道交通场站综合开发工作纳入市政府目标绩效考核内容，严格考核工作，确保取得实效。

⑤ 市场运用相关政策。

在参与主体方面，成都市政府及成都轨道交通集团有限公司掌握较多的主导权，其 TOD 项目以轨道交通集团为核心，所有项目土地均由轨道交通集团竞得后，再依据全市的统一规划，按自主开发或股权合作两种模式进行项目开发[①]。自主开发模式由轨道交通集团完成从土地获取到全部施工全流程后，再对外进行招商运营；股权合作模式处于试点阶段，由轨道交通集团竞得土地并完成基础施工，再引入开发商入股项目公司，且对合作方设立了严格的条件。

对于股权合作模式而言，成都市对社会资本参与 TOD 的资质条件有严格规定（见表 5-5），但是对有资格参与的社会资本的股权比例限制则逐渐放松。其中，《轨道交通场站综合开发的实施意见》（成府函〔2017〕183 号）初步确定了社会资本可参与场站综合开发；《成都市城市轨道交通场站综合开发实施细则的通知》（成办函〔2018〕192 号）进一步规定了在成都轨道集团（或其子公司）控股的前提下合作开发；

① 保利投顾研究院.TOD 项目在扩张型城市的发展——以成都市为例[J]. 中国房地产，2021(2): 55-59.

《成都市轨道交通场站综合开发项目合作开发管理办法（试行）》中则在股权比例方面取消了成都轨道集团控股的前提要求。

当前，成都市已开发的 TOD 项目中，社会资本方股权占比大多数为 66%，还有部分项目实现了 100%控股（见表 5-5）。

表 5-5　成都市轨道交通 TOD 主要示范项目的开发商参与情况

项目名称	开发商	开发商控股比例
新津 TOD	中南+城投	66%
新津 TOD 二期	旭辉	66%
昌公堰 TOD	保利	66%
行政学院 TOD 一期	万科	66%
行政学院 TOD 二期	龙湖	66%
廖家湾 TOD	保利	66%
万盛 TOD	旭辉	100%
幸福桥 TOD	招商蛇口	66%

在合作模式方面，《成都市城市轨道交通场站综合开发实施细则的通知》（成办函〔2018〕192 号）提出成都轨道集团（或其子公司）可依法采用股权合作、协议合作、代开发以及领导小组确定的其他方式，按照公开、公平、公正的原则，与国内外具有先进规划设计、产业集成、地产开发、商业运营经验和投融资能力的企业进行合作，合作方不享受宗地评估价政策优惠。但目前，已推出的 TOD 项目中，仍然以股权合作为主（见表 5-6）。

总结来看，目前成都市在轨道交通 TOD 开发方面主要出台的政策及要点如表 5-7 所示。

表 5-6 成都市轨道交通 TOD 项目开发模式

开发模式	主要内容
自主开发模式	地块由轨道交通集团竞得，并完成全部施工开发，后期引入物业运营管理
股权合作模式	地块由轨道交通集团竞得，并完成基础施工；后期引入开发商，以股权合作开发，通过公开方式选定合作方

资料来源：保利投顾研究院. TOD 项目在扩张型城市的发展——以成都市为例[J]. 中国房地产，2021（2）：55-59.

表 5-7 成都轨道交通 TOD 核心政策列表

指标	具体规定	政策来源
用地保障	**土地储备**：①以站点为中心，按照一般站点半径 500 米，换乘站点半径 800 米、车辆基地本体工程及周边两倍的开发用地确定轨道交通场站综合开发用地范围。②由市国土局牵头，会同市规划局对确定的场站综合开发用地范围内的土地资源进行管控。各（区）市县政府和实际国有平台公司不得擅自组织出让	《成都市人民政府关于轨道交通综合开发的实施意见》《成都市轨道交通场站综合开发用地管理办法》
	土地优惠：土地出让起始价可按不考虑轨道交通因素的宗地评估价的 70%确定，车辆基地上盖综合开发的成本纳入周边综合开发用地的整理成本	
综合开发	**分级分类**：轨道交通 TOD 站点划分为四级五类：城市级、片区级、组团级和一般站点四个级别；商圈核心型、交通枢纽型、综合中心型、产业社区型和生活服务型五类	《成都市轨道交通 TOD 综合开发战略规划》

续表

指标	具体规定	政策来源
	容积率：城市级站点开发建设用地容积率指标以城市设计方案合理性确定；区域级、组团级、社区级站点在落实轨道交通场站一体化城市设计、地上地下空间统筹规划实施，并配建必要的轨道交通配套实施情况下，其100米范围内开发建设用地容积率指标可在现有规划管理技术规定基础上适当上浮，区域级站点上浮比例不超过20%，组团级、社区级站点上浮比例不超过10%，并结合轨道交通场站一体化设计确定地块具体容积率指标	《成都市轨道交通场站综合开发用地管理办法》
	立体开发：以划拨方式提供地下建设用地使用权，不再计收地下建设用地使用权价款；以招拍挂方式有偿出让的，经集体决策，综合确定其出让起始价；以协议方式出让的，主要以地表相应用途基准地价的25%或20%确定应缴土地出让价款	《成都市城市地下空间开发利用管理办法》
理念规划	**理念认知**：按照“站城一体、产业优先、功能复合、综合运营”的发展理念，围绕轨道站点打造“商业中心、生活中心、产业中心和文化地标”，明确将成都建设成为全球TOD典范城市的总体目标。	《成都市轨道交通TOD综合开发战略规划》
	规划融合：确定轨道交通场站综合开发规划管控体系	《成都市人民政府关于轨道交通综合开发的实施意见》

续表

指标	具体规定	政策来源
审批协调	**审批流程**：将轨道交通场站综合开发工作纳入市政府目标绩效考核内容，严格考核工作，确保取得实效	《成都市轨道交通场站综合开发用地管理办法》
	协调机制：成立轨道交通建设和TOD综合开发领导小组，由市长任组长	《成都市轨道交通建设和TOD综合开发领导小组及办公室设置方案》
市场运用	**参与主体**：社会资本与成都轨道集团（或其子公司）合作开发的TOD项目时，取消了成都轨道集团控股的前提要求	《成都市轨道交通场站综合开发项目合作开发管理办法（试行）》
	合作模式：成都轨道（或其子公司）可依法采用股权合作、协议合作、代开发以及领导小组确定的其他方式与相关企业进行合作，合作方不享受宗地评估价政策优惠	《成都市轨道交通场站综合开发实施细则》

2. 东莞市

（1）东莞市社会经济及轨道交通发展概况。

东莞位于深圳和广州之间，是粤港澳大湾区城际铁路中重要的枢纽点和主要城市，其左右携佛山、惠州两市，北朝广州，南邻深圳，同时与两个一线城市接壤。在发达的轨道交通下，城市之间实现联动发展，而东莞正以抢先的速度融入深圳都市圈，乃至粤港澳大湾区“1小时都市圈”①。2021 年，东莞实现地区生产总值 10 855.35 亿元，比上年增长 8.2%；人均地区生产总值 103 284 元，增长 7.8%。年末全市常住人口 1 053.68 万人，其中城镇常住人口 971.91 万人，人口城镇化率为 92.24%。

早在 20 世纪 90 年代，东莞城市道路密度就已居全国前列，更被誉为“马路上的城市”。随着城市的发展，小汽车的数量迅速增加，东莞的汽车保有量突破 341 万辆，位列广东第二，全国第十。为了缓解交通压力，东莞谋划轨道交通网络规划。2009 年，国家批准了东莞市城市轨道交通近期建设规划，东莞率先建设轨道交通 2 号线，并于 2016 年 5 月开通试运营，东莞交通正式进入“轨道时代”。轨道交通 2 号线线路全长 37.743 公里，共设置车站 15 座。目前，东莞市还有在建地铁里程 327 公里。根据东莞市轨道交通线网近期和远景规划，到 2035 年将建成轨道交通线路（地铁）12 条，里程共计 473 公里；到 2050 年，将建成线路 17 条，里程共计 668 公里（见表 5-8）②。轨道交通的快速网络化前景以及东莞市良好的经济发展基础为轨道交通 TOD 的发展奠定了基础。

（2）东莞城市轨道交通 TOD 发展情况。

根据东莞市轨道交通近期建设规划及东莞市第二期轨道站场 TOD 综合开发总体策略，东莞市城市轨道交通近期方案由 2 号线一、二期，1 号线一期，2 号线三期及 3 号线一期构成，共计 78 个站点。截至 2021

① 腾讯网. 来了！东莞未来 5 年最强交通图谱！15 条轨道进程在此[EB/OL]. https://new.qq. com/omn/20210323/20210323A0D5HI00.html. 2021-03-23.

② 网易. 重大消息！站点规划再变！东莞地铁建设又有新进展[EB/OL]. https://3g.163.com/dy/article/H39MDEAA05527T58.html. 2022-03-25.

年年底，东莞已完成 TOD 综合开发规划编制的站点有 75 个。东莞火车站、东莞西站、虎门高铁站、常平“香港城”等 10 个 TOD 重点建设项目加速推进。截至 2021 年底，东莞市规划范围内新增的用地规模如表 5-9 所示。

表 5-8　东莞市线网规划及建设规划情况

类型	名称	线路情况	长度/千米	站点数
线网规划	《东莞市轨道交通网络规划（2004—2020）》	4 条市域线 1 条市郊铁路	266.8	58
	《东莞市城市轨道交通线网规划调整（2017—2020 年）》	4 条城市轨道快线 3 条城市轨道通勤普线 深圳延伸线路在东莞境内线路 1 段	286.3	95
	《东莞市轨道交通网络规划（2035）》	4 条城市轨道快线 8 条城市轨道通勤普线 深圳延伸线路在东莞境内线路 1 段	473	-
建设规划	《东莞市城市快速轨道交通建设规划（2009—2015）》	2 号线一期、二期	37.8	15
	《东莞市城市轨道交通建设规划（2013—2019）》	1 号线一期 2 号线三期 3 号线一期	126.9	47
	《东莞第二轮轨道交通建设规划调整 2017—2024》	1 号线一期、二期、三期 1 号线支线一期 2 号线三期、三期延伸线 3 号线支线 5 号线 深圳 10 号线东莞段	200.9	65
	《东莞市城市轨道交通第二期建设规划调整（2020—2025 年）》	1 号线一期、2 号线三期、3 号线一期、1 号线二期、1 号线三期、1 号线支线一期、3 号线支线	166.94	

资料来源：罗吉祥，李才，梁远航．东莞市轨道交通 TOD 实践[C]．面向高质量发展的空间治理——2020 中国城市规划年会论文集（06 城市交通规划），2021：818-827.

表5-9 东莞市规划范围内新增用地规模

序号	站点名称	新增建设用地规模（公顷）
1	虎门高铁站	58.39
2	东莞火车站	0.6
3	东莞西站	137.34
4	夏边站	22.67
5	金沙站	17.49
6	常平火车站	56.27
7	厚街站	110.02
8	道滘站	106.9
9	麻涌站	111
10	望牛墩站	24.68
11	樟木头站	3.17
12	中堂站	2.87
13	银屏站	113.33
14	大朗镇站	42.03
15	建安路站	26.49
16	黄江北站	5.54
17	茶山站	8.52
18	大朗西站	9.71
19	道滘东站	29.35
20	珊美站	9.76
21	黄牛埔站	31.91
22	东莞南站	191.92
总计		1119.96

资料来源：黄皓彬，李红玲，席倩颖，等.东莞轨道TOD规划工作的回顾与反思[EB/OL]. https：//www.fx361.com/page/2022/0623/10476954.shtml. 2022-06-23.

（3）东莞市城市轨道交通 TOD 政策要点。

东莞市城市轨道交通 TOD 政策指数综合得分在所有 43 个开通地铁的样本城市中排名第二，仅次于成都，表现突出。其中，在审批协调、市场运用两个分项指标中排名第一，在理念规划、用地保障、综合开发三个分项指标中排名第二。

① 用地保障相关政策。

在土地储备和土地优惠方面，为了保证轨道交通 TOD 综合开发的顺利推进，东莞市出台了强力的土地储备政策以实现站点周边土地的提前管控。东莞作为国内轨道交通建设的新兴城市，在总结前人经验的基础上，结合自身需求推出了一套相对系统的 TOD 规划和综合开发策略。东莞由于镇村二元的土地管理模式以及“自下而上”的城市开发导致的土地粗放式利用，需要其在规划编制之前对市域范围内土地展开额外的全面排查，将轨道影响区域内，包括市属、镇属、村属空置土地，低建筑密度土地，批而未用的空闲土地，都纳入储备范围。东莞在规划编制和综合开发上还分别牵涉区级政府、镇级政府等多个主体的参与，因此通过相关政策的出台来明确并保障多主体参与下的 TOD 规划与综合开发实施和土地整备工作便成为必要手段[①]。东莞市 2018 年出台的《轨道交通站点周边土地专项储备管理办法》明确将城际轨道交通站点周边 800 米半径、城市轨道交通站点周边 500 米半径范围内的土地纳入土地储备的范围。同时，为了切实保障土地的供给，上述办法还规定，在轨道交通站点周边土地专项储备范围内，在以已审批通过的 TOD 综合开发规划为依据，编制（调整）片区控制性详细规划依程序批准之前，除已在市规划部门办理了《建设用地规划批准

① 顾新，伏海艳．以 TOD 理论指导东莞轨道交通与土地利用整合规划[C]．广州：中国城市规划年会，2006.

书》或地块总平面图方案审查手续的在建工程外，其他新建、改建、扩建工程项目一律停止审批。这一政策的颁布对于实现土地的控制和储备，落实TOD规划审批及沿线用地指标提供了制度保障。《关于创新体制机制加快轨道交通建设发展的若干意见》还提出对与TOD地区控制性详细规划有严重冲突的项目，已办理用地批准的，可根据法定程序收回土地使用权，并对原土地使用权人给予适当补偿。

② 综合开发相关政策。

在站点分级分类方面，《东莞市轨道交通站场TOD与TID规划研究技术指引（试行）》将东莞市的TOD站点划分为四种类型、三个级别，并通过交通特征和功能特征对分级分类的标准进行了界定（见表5-10）。同时提出要对轨道交通站点进行TID一体化设计。

表5-10 东莞市TOD站点分级分类

站点（四种类型、三个级别）		交通特征	功能特征
枢纽型		综合枢纽站 对外交通门户	周边将依托成为城市中心或次中心
城市型	市域级	综合枢纽站/交通接驳站/片区接驳站	市域级商业就业中心
	片区级	交通接驳站/片区接驳站	片区级商业就业中心
	镇区级	交通接驳站/片区接驳站	镇区级商业就业中心
社区型		一般站	居住及配套服务为主，亦可扩展至服务周边产业区
特殊型（行政中心、文教、科研、康体旅游、规模化工业园区）		一般站	功能以用地要求具一定特殊性的功能为主导

资料来源：《东莞市轨道交通站场TOD与TID规划研究技术指引（试行）》。

在容积率政策方面，《东莞市 TOD 范围土地与空间复合利用管理规定（试行）》提出在TOD核心区和TOD控制区可以进一步提高建筑密度的绝对值（见表5-11），当建筑首层部分空间或裙楼屋顶作为城市公共空间使用时，建筑密度可按照公共空间面积占净用地面积的比例进一步提高，最高不超过20%。绝对值提升以后，东莞市TOD区域的容积率已高于国家住宅标准。

表5-11　东莞市TOD站点容积率政策

类型	容积率政策规定
TOD核心区	在《东莞市城市规划管理技术规定》的基础建筑密度上，绝对值可进一步提高10~20%
TOD控制区	在《东莞市城市规划管理技术规定》的基础建筑密度上，绝对值可进一步提高0~10%

在立体开发政策方面，2018年《关于创新体制机制加快轨道交通建设发展的若干意见》初步提出，轨道交通地下空间实行竖向分层立体综合开发、横向相关空间互相连通、地下交通与地下商城整合布设、地面建筑与地下工程协调配合的综合利用方式。2020年发布的《东莞市轨道交通 TOD 地区土地与空间复合利用管理规定》进一步确定了TOD范围内地下空间开发的分层利用原则，划定了不同深度下土地使用功能策略。

③ 理念规划相关政策。

在理念认知方面，2018年《东莞市人民政府关于创新体制机制加快轨道交通建设发展的若干意见》提出要充分认识轨道交通建设的重要意义，要强化“建设轨道交通就是建设城市、发展轨道交通就是经营城市、运营轨道交通就是改善民生”的思想意识，要“大力实施公共交通导向型开发模式，统筹城市布局和配套设施建设，推进土地集约利用和综合开发，有效发挥轨道交通引导城市功能优化作用。轨道交通及 TOD 开发被视为优化城市功能、提升城市品质、促进区域协调发展的重要手段。同时，特别注重规划融合，上述文件提出在轨道交通工程实施之前，同步编制轨道站点周边综合交通衔接规划，并要求对能够与站点建设同步实施的地面建筑和地下空间开发进行同步规划。其具体的规划编制体系及流程如图 5-2 所示。

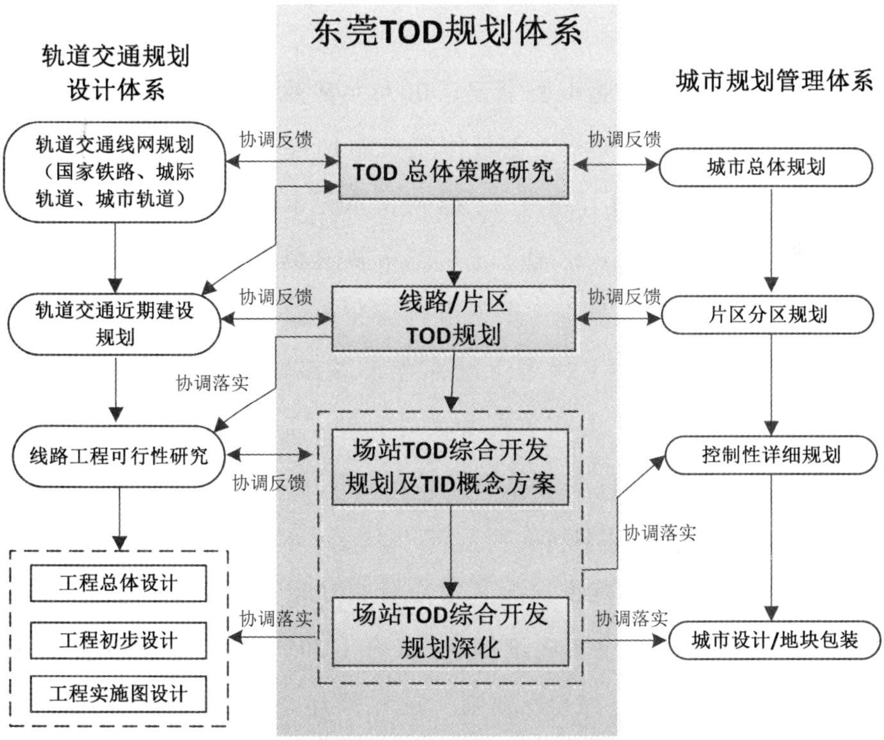

图 5-2　东莞市轨道站点 TOD 规划体系

资料来源：罗吉祥，李才，梁远航.东莞市轨道交通 TOD 实践[C]. 面向高质量发展的空间治理——2020 中国城市规划年会论文集（06 城市交通规划），2021：818-827.

在政策体系完善程度上，东莞市在近些年出台了大量TOD相关的框架性与配套性文件，形成了比较好的政策体系支撑。2013年东莞市政府印发《东莞市轨道交通站场TOD规划建设工作实施方案》，提出将实施土地开发增值反哺轨道交通建设的策略，围绕轨道站场TOD综合开发总体策略、一体化规划等开展工作。方案出台标志着TOD模式在东莞正式进入实施阶段①。但此后，由于缺乏配套的操作细则和操作流程，TOD开发"实施主体不够明确、开发用地收储较难、属地参与激励不够、上盖物业实施瓶颈多"②，导致TOD推进速度较慢，甚至处于停滞阶段。

2018年1月，东莞市委书记、市人大常委会主任主持召开市委常委会会议，审议通过《关于创新体制机制加快轨道交通建设发展的若干意见》(东府〔2018〕26号)③以及《东莞市轨道交通建设投融资管理办法》(东府〔2018〕27号)、《东莞市轨道交通站场地区规划管理办法》(东府〔2018〕28号)、《东莞市轨道交通站点周边土地专项储备管理办法》(东府〔2018〕29号)、《东莞市城市轨道交通建设管理办法》(东府〔2018〕30号)等相关配套文件，即"1+N"政策文件。这些政策文件形成了东莞市轨道交通建设管理、TOD综合开发规划、TOD土地收储等全方位的政策体系。

2018年8月，东莞市出台了《东莞市轨道交通站场周边土地综合开发及站场综合体建设实施细则》(东府〔2018〕86号，后简称《细则》)，进一步形成了"1+N+细则"的政策体系。《细则》旨在加快推

① 东莞77个轨道站场将进行TOD开发首批开发站点公布[EB/OL]. http://www.dg456.com/thread-29596-1-1.html. 2013-11-19.

② 东莞TOD开发办李天海：TOD开发用地招拍挂或附带配建条件[EB/OL]. http://www.tod-center.com/a/share/tod/2017/0725/222.html. 2017-07-25.

③ 东莞市审议通过轨道交通建设发展"1+N"政策文件[EB/OL].https://www.sohu.com/a/216891773_180330. 2018-01-15.

进轨道交通建设和站场周边土地综合开发，建设综合换乘系统，改善出行条件。同时，《细则》对轨道交通站场周边土地储备规划、土地储备、综合开发等作出规定，将推动形成城市功能区，实现站场周边土地高效集约利用，从而充分发挥轨道交通综合效益，提升城市品质。

2018 年 10 月，东莞市编制出台了《东莞市轨道交通站场 TOD 与 TID 规划研究技术指引》以及《东莞市轨道交通 TOD 范围土地容积率调整工作方案》。2020 年 6 月颁布《东莞市轨道交通 TOD 地区土地与空间复合利用管理规定》[①]，对土地与空间复合利用、交通配套设施、公共空间和公共设施、地下空间等方面的建设和开发利用制定了相应的标准。2021 年颁布《东莞市轨道交通 TOD 范围内城市更新项目开发实施办法》，将 TOD 规划片区延伸至城市更新领域，囊括旧厂房、旧村庄等各类用地[②]，同时创新采取物业分成替代收缴土地价款的方式落实政府收益，探索并提出多种 TOD 范围内城市更新项目利益共享机制。

截至 2021 年年底，东莞市已经建立起较为完整的 TOD 综合开发政策体系，对轨道交通 TOD 的规划管控、土地储备、综合开发以及相应的审批管理流程都进行了详细的规定，为轨道交通建设和 TOD 综合开发提供了可靠的政策依据和法律、制度保障。

④ 审批协调相关政策。

在协调机制方面，成立了高水平的 TOD 综合开发领导小组。2004 年东莞市成立了轨道交通建设工作领导小组，主要负责轨道交通建设的相关工作。随着 TOD 理念的深入，东莞市于 2017 年 4 月批复成立了市轨道交通建设及 TOD 开发领导小组，时任东莞市市委副书记、市

① 《东莞市轨道交通 TOD 地区土地与空间复合利用管理规定（试行）》政策解读[EB/OL]. https://gdjt.dg.gov.cn/gkmlpt/content/3/3691/post_3691621.html#3742. 2021-12-22.
② 东莞：TOD 造城，商业魔幻进化[EB/OL]. http://news.winshang.com/html/068/6469.html. 2021-06-18.

长任领导小组组长，由该领导小组负责统筹协调轨道交通建设及 TOD 综合开发相关工作。2018 年发布的《东莞市人民政府关于创新体制机制加快轨道交通建设发展的若干意见》(东府〔2018〕26 号)进一步明确轨道交通建设及 TOD 开发领导小组由市长任组长（见表 5-12）。上述领导小组的演进和转变为协调和保障东莞市轨道交通 TOD 发展奠定了强大基础。

表 5-12　东莞市轨道交通 TOD 开发领导小组发展历程

年份	组织及机构	主要职责
2004	轨道交通建设工作领导小组成立，办公室设在规划局	建设规划编制、预可行性研究、线路设计、申报立项等前期准备工作
2011	轨道交通建设工作领导小组下设独立办公室	——
2017	轨道交通建设及 TOD 开发领导小组及其办公室成立	统筹协调全市轨道交通及 TOD 的规划、建设、开发等各个阶段工作，负责协调解决全市轨道交通的投融资、规划建设、资源开发等重大问题
2018	组建东莞市轨道交通局	负责全市城市轨道规划、建设、运营管理及轨道站点 TOD 综合开发规划工作等

资料来源：罗吉祥，李才，梁远航.东莞市轨道交通 TOD 实践[C]. 面向高质量发展的空间治理——2020 中国城市规划年会论文集（06 城市交通规划），2021：818-827.

在审批流程方面，逐渐建立起了较为灵活的 TOD 审批服务体统。2018 年《关于创新体制机制加快轨道交通建设发展的若干意见》中提出要优化审批服务，按“特事特办、急事急办、简化手续、提高效率”

原则，针对涉及轨道交通规划、建设、运营、开发等审批事项，开辟绿色通道，实行并联审批、提前介入、限时办结等工作机制，为加速轨道交通建设开发创造良好条件。2020 年发布的《东莞市轨道交通 TOD 地区土地与空间复合利用管理规定》仍然提出对于 TOD 范围内，地铁站及区间、站场综合体、地下空间开发等公益性项目应视同市重大项目，享受审批“绿色通道”政策；对兼容经营性用途的项目，也按照审批“绿色通道”政策办理相关规划立项、施工报建等手续。

⑤ 市场运用相关政策。

在参与主体及合作模式方面，东莞市轨道交通 TOD 综合开发政策对社会资本较为友好，鼓励社会资本通过多种形式参与 TOD 项目。《东莞市轨道交通站场周边土地综合开发及站场综合体建设实施细则》将轨道交通站场区分为政府投资类、轨道交通建设运营单位投资类和社会投资类。其中，《细则》将具备较好开发条件的轨道交通站点或轨道交通车辆基地划分为社会投资类，并为社会资本参与项目投资提供了三种可选择的方式（见表 5-13），鼓励社会资本的积极参与。

表 5-13　东莞市社会资本参与 TOD 综合开发项目投资的三种方式

类型	主要内容
方式一	在满足轨道交通建设时序的条件下，由社会投资主体一并投资建设轨道交通设施，承担投资开发成本
方式二	由社会投资主体统一建设，在初步设计概算阶段明确轨道设施部分和综合开发部分的投资分摊，并通过合理约定承担部分轨道设施建设费用
方式三	鼓励轨道交通建设运营单位与社会投资主体合作开发，通过合理约定收益分享方式实现其收益预期

但相对而言，东莞实业投资控股集团等市属国有企业参与 TOD 项

目二级开发可以通过带条件招拍挂形式实施供地，其供地成本较低；而社会资本都必须通过招拍挂的激烈竞争才能获得土地参与TOD土地二级开发。

总结来看，目前东莞市在轨道交通TOD开发方面主要出台的政策及要点见表5-13。

表5-13　东莞轨道交通TOD核心政策列表

指标	具体规定	政策来源
用地保障	**土地储备**：①将城际轨道交通站点周边800米半径、城市轨道交通站点周边500米半径范围内的土地纳入土地储备的范围。②与TOD地区控制性详细规划有严重冲突的项目，已办理用地批准的，可根据法定程序收回土地使用权，并对原土地使用权人给予适当方式补偿	《轨道交通站点周边土地专项储备管理办法》《关于创新体制机制加快轨道交通建设发展的若干意见》
综合开发	**分级分类**：轨道交道TOD站点划分为四种类型、三个级别：枢纽型、城市型、社区型、特殊型，同时将城市型划分为市域级、片区级、镇区级三个级别	《东莞市轨道交通站场TOD与TID规划研究技术指引（试行）》
	容积率：在TOD核心区和TOD控制区可以进一步提高建筑密度的绝对值，当建筑首层部分空间或裙楼屋顶作为城市公共空间使用时，建筑密度可按照公共空间面积占净用地面积的比例进一步提高，最高不超过20%	《东莞市TOD范围土地与空间复合利用管理规定（试行）》
	立体开发：确定了TOD范围内地下空间开发的分层利用原则，划定了不同深度下土地使用功能策略	《东莞市TOD范围土地与空间复合利用管理规定（试行）》
理念规划	**理念认知**：大力实施公共交通导向型开发模式，统筹城市布局和配套设施建设，推进土地集约利用和综合开发，有效发挥轨道交通引导城市功能优化作用	《东莞市人民政府关于创新体制机制加快轨道交通建设发展的若干意见》

续表

指标	具体规定	政策来源
	规划融合：在轨道交通工程实施之前，同步编制轨道站点周边综合交通衔接规划，并要求对能够与站点建设同步实施的地面建筑和地下空间开发进行同步规划	
审批协调	**审批流程**：对于TOD范围内，地铁站及区间、站场综合体、地下空间开发等公益性项目应视同市重大项目，享受审批“绿色通道”政策；对兼容经营性用途的项目，也按照审批“绿色通道”政策办理相关规划立项、施工报建等手续	《东莞市轨道交通TOD地区土地与空间复合利用管理规定》
	协调机制：成立轨道交通建设及TOD开发领导小组，由市长任组长	《东莞市人民政府关于创新体制机制加快轨道交通建设发展的若干意见》
市场运用	**参与主体及合作模式**：将轨道交通站场区分为政府投资类、轨道交通建设运营单位投资类和社会投资类，为社会资本参与项目投资提供了三种可选择的方式	《东莞市轨道交通站场周边土地综合开发及站场综合体建设实施细则》

3. 小　结

成都市和东莞市是轨道交通TOD领域的后来者，两者均于2017年后快速出台并形成了一套围绕城市轨道交通TOD综合开发的较为完善的政策体系（成都的“1+2+N”政策体系以及东莞的“1+N+细则”政策体系）。这套政策体系确立起市长任组长的轨道交通建设及TOD综合开发领导小组的领导协调地位，构建起体现“高密度、多样化、行人友好”等TOD核心原则的城市、区域/线路、站点层面的TOD综合开发规划体系，并制定了明确清晰的土地储备及供应计划以保障土地这一核心要素资源的供给；同时鼓励社会资本的参与，并为社会资本提供宽松和多样的参与方式。这些政策有助于支持和保障成都市和东莞市真正实施以公共交通为导向的开发（TOD），而非仅仅是公交毗邻开发（TAD），充分激发了市场主体的潜力，更有利于推动城市可持续发展模式的实现，并利用土地价值捕获为轨道交通建设及运营提供可持续的资金来源。

对于其他轨道交通建设与城市开发同时推进的后发城市而言，可以考虑首先建立高级别领导任组长的轨道交通及TOD综合开发领导小组，这可以大大推进各相关政策制定及实施的进度；同时通过全面梳理轨道交通TOD站点周边土地资源，编制TOD综合开发战略规划，作为城市进行轨道交通TOD综合开发的指导性文件引导其他政策的制定。随后，通过出台轨道交通综合开发的实施意见、实施细则等文件，进一步明确轨道交通TOD综合开发的实施范围、供地方式、容积率、分级分类等具体政策。最后在具体实践过程中，根据本地自然地理、社会人文等现实背景，进一步更新、调整或补充政策，最终形成政策与TOD开发的良性互动。

Part six

六、未来展望与下一步研究重点

中国城市轨道交通 TOD 政策指数，涵盖了 TOD 发展密切相关的土地、容积率、分层开发等要素保障、理论引导、规划支持、机制支撑、市场运用等 5 大方面 12 个指标，为理解、评估城市 TOD 轨道交通发展潜力提供了重要视角，同时也为 TOD 模式在更多城市落地实施提供了可资借鉴的关键依据。但仍需要认识到，城市轨道交通 TOD 模式的混合性、复杂性使得本报告的现有框架难以涵盖 TOD 发展的所有方面，在未来发展中需要持续完善。另外，从政策制定到政策执行与政策效果显现之间仍存在较长的一段距离，如何更好地形成对中国城市轨道交通 TOD 政策指数的全面认识，充分发挥城市轨道交通 TOD 政策体系的现实作用，是下一步开展研究工作的重中之重。

（一）中国城市轨道交通 TOD 政策指数框架发展展望

中国城市轨道交通 TOD 政策指数涵盖了 TOD 发展的核心要素，能够为认识、理解、评价一个城市的轨道交通 TOD 政策状况提供较好依据。但城市轨道交通 TOD 模式的中国化之路正处于加速推进阶段，必然会不断显现新的特征与诉求，这从客观上要求中国城市轨道交通

TOD 政策指数不断得到发展完善。从现阶段的指数框架来看，财政支持和 TOD 的投融资方式尚未纳入研究框架之中，一方面是因为大多数城市出台的财政支持文件主要针对轨道交通建设本身，鲜少涉及 TOD 开发环节，其针对性不足；二是投融资行为目前主要与企业本身的评级水平、资本实力等有关，而非直接与 TOD 发展相关。但随着城市轨道交通的发展，TOD 模式所需的资金量将大幅增加，如何通过更为有效的方式、以财政资金撬动市场资金推动 TOD 发展将成为跃入决策者视野的重要问题，同时也将成为本指数框架重点关注的方面。

（二）城市轨道交通 TOD 政策制定的影响因素

中国城市轨道交通 TOD 政策指数通过将轨道交通 TOD 政策表现定量化，获得了进一步评价与挖掘 TOD 政策内在影响因素的重要基础。城市轨道交通 TOD 政策指数存在明显的分化特征，到底是哪些因素影响着一个城市 TOD 政策的制定，影响的路径是什么，其内在逻辑如何等问题开始变得重要而急迫。下一步将围绕中国城市轨道交通 TOD 政策指数，探究其影响因素，从而形成对中国城市轨道交通 TOD 政策制定更为全面、深入的认识。

（三）城市轨道交通 TOD 政策与城市 TOD 项目的关系

城市轨道交通 TOD 政策制定之后，并不会自然而然地得到执行，其受到多元利益关系、政策执行资源、监督管理机制等多种因素的制约。根据中国城市轨道交通 TOD 政策指数情况，评估城市 TOD 项目进展状态，大体可以有以下四类情况出现：一是城市轨道交通 TOD 政策指数得分高，城市 TOD 项目进展好。这类城市以成都为代表，目前成都 16 个 TOD 示范项目均得到了不同程度的推进，总体推进速度快（具体见附录二）；二是城市轨道交通 TOD 政策指数得分高，城市 TOD 项目进展较缓慢。这类城市以东莞为代表，TOD 项目较少，但存在较大发展潜力；三是城市轨道交通 TOD 政策指数得分较低，城市 TOD 项目进展好。这类城市以深圳为代表。深圳市近年来与 TOD 相关的政策鲜有出台，但总体上 TOD 项目较多，推进较快；四是城市轨道交通 TOD 政策指数得分较低，城市 TOD 项目的进展不理想。这类城市数量比较多，多处于城市轨道交通 TOD 发展的起步阶段。下一步将围绕上述四项分类，进一步探究不同类型城市的 TOD 政策与项目发展之间的逻辑关系及其现实制约因素，形成对现实世界的更强理论指导。

Part seven

七、附　录

附录一　核心政策目录

附表 1　本报告参照的核心政策文件

城市	文本名称
北京	北京市人民政府关于创新重点领域投融资机制鼓励社会投资的实施意见
北京	北京城市轨道交通车辆基地综合利用规划设计指南（征求意见稿）
常州	市政府关于加强城市轨道交通沿线区域规划管理和用地控制的意见
常州	常州市轨道交通条例
成都	关于印发成都市轨道交通专项资金筹措方案的通知
成都	成都市人民政府关于轨道交通场站综合开发的实施意见
成都	成都市轨道交通场站综合开发专项规划
成都	成都市轨道交通场站一体化城市设计导则
成都	关于印发成都市城市轨道交通场站综合开发实施细则的通知
成都	关于印发成都市轨道交通场站综合开发用地管理办法（试行）的通知
成都	关于进一步鼓励开发利用城市地下空间的实施意见（试行）

续表

城市	文本名称
成都	成都市轨道交通场站综合开发项目合作开发管理办法（试行）
成都	成都市人民政府办公厅关于印发成都市城市有机更新实施办法的通知
成都	成都市人民政府关于印发成都市城市地下空间开发利用管理办法的通知
成都	关于印发成都市轨道交通场站综合开发及绿道建设项目用地管控和资金筹集实施细则的通知
成都	成都市轨道交通场站综合开发用地管理办法
成都	成都市轨道交通建设和 TOD 综合开发领导小组及办公室相关会议议事规则
大连	大连市轨道交通条例
东莞	东莞市轨道交通站点周边土地专项储备管理办法
东莞	东莞市轨道交通站场地区规划管理办法
东莞	东莞市城市轨道交通建设管理办法
东莞	东莞市轨道交通建设投融资管理办法
东莞	东莞市人民政府关于创新体制机制加快轨道交通建设发展的若干意见
东莞	东莞市轨道交通站场周边土地综合开发及站场综合体建设实施细则
东莞	东莞市 TOD 范围土地与空间复合利用管理规定（试行）
东莞	东莞市轨道交通站场 TOD 与 TID 规划研究技术指引（试行）
东莞	东莞市轨道交通 TOD 范围土地容积率调整工作方案

续表

城市	文本名称
东莞	东莞市轨道交通站场TOD规划建设工作实施方案
佛山	佛山市轨道交通专项资金管理办法的通知
佛山	佛山市人民政府办公室关于印发佛山市地下空间开发利用管理试行办法的通知
佛山	佛山市轨道交通场站及周边土地综合开发实施办法（试行）的通知
佛山	佛山市城市轨道交通管理条例
佛山	佛山市轨道交通场站及周边土地综合开发利用实施办法（试行）
福州	福州市轨道交通场站及周边土地综合开发利用的实施意见
福州	福州市轨道交通条例
福州	福州市人民政府关于推进轨道交通建设可持续发展的实施意见
福州	关于印发福州市城市地下空间开发利用管理办法（试行）的通知
广州	广州市地下空间开发利用管理办法
广州	广州市轨道交通建设及偿债资金筹集和使用管理办法
广州	广州市人民政府办公厅关于印发推进轨道交通沿线物业综合开发实施意见的通知
广州	广州市人民政府关于创新重点领域投融资机制鼓励社会投资的实施意见
广州	广州市轨道交通场站综合体建设及周边土地综合开发实施细则（试行）
广州	广州市轨道交通市区共建资金管理办法
贵阳	贵阳市城市轨道交通国有土地作价出资及综合开发项目实施细则
贵阳	贵阳市城市轨道交通条例

续表

城市	文本名称
贵阳	贵阳市地下空间开发利用条例
哈尔滨	哈尔滨市人民政府关于印发哈尔滨市地铁沿线地下空间开发利用管理规定的通知
哈尔滨	哈尔滨市城市轨道交通管理办法
杭州	关于印发杭州市城市轨道交通地上地下空间综合开发土地供应实施办法的通知
杭州	杭州市重大项目建设专项资金筹措方案
杭州	杭州市委市政府关于推进轨道交通可持续高质量发展的实施意见
杭州	杭州市人民政府办公厅关于调整杭州市轨道交通可持续高质量发展工作领导小组成员的通知
杭州	中共杭州市委杭州市人民政府关于进一步加快城市轨道交通建设发展的若干意见
合肥	合肥市城市轨道交通管理办法
合肥	合肥市关于轨道交通场站综合开发的意见（试行）
呼和浩特	呼和浩特市单建式城市地下空间用地管理办法（试行）
呼和浩特	呼和浩特市城市轨道交通运营管理办法
济南	济南市人民政府办公厅关于加快推进轨道交通建设与发展的实施意见
济南	济南市人民政府办公厅关于印发济南市城市地下管线建设管理办法的通知

续表

城市	文本名称
昆明	昆明市城市地下空间开发利用管理规定
昆明	昆明市城市轨道交通管理条例
兰州	兰州市轨道交通管理办法
兰州	兰州市轨道交通周边国有土地使用权作价出资、入股实施办法
兰州	兰州市轨道交通管理条例
洛阳	洛阳市轨道交通发展专项资金管理暂行办法
洛阳	洛阳市人民政府办公室关于印发洛阳市地下空间开发利用管理办法的通知
洛阳	洛阳市城市轨道交通条例
洛阳	洛阳市人民政府关于推进城市轨道交通可持续发展的实施意见
南昌	南昌市人民政府印发关于配置土地资源保障轨道交通建设决定的通知
南昌	南昌市城市地下空间开发利用管理办法
南昌	南昌市轨道交通条例
南京	南京市轨道交通条例
南京	市政府关于推进南京市轨道交通场站及周边土地综合开发利用的实施意见
南京	南京市城市地下空间开发利用管理办法
南宁	南宁市城市轨道交通管理条例
南宁	南宁市城市轨道交通管理条例
南宁	关于印发南宁市城市轨道交通综合开发建设用地使用权作价出资管理暂行办法的通知

续表

城市	文本名称
宁波	关于宁波市轨道交通专项土地储备的实施意见
宁波	宁波市人民政府关于推进城市轨道交通可持续发展的实施意见
宁波	宁波市地下空间开发利用管理实施细则（试行）
青岛	关于加强青岛市轨道交通沿线用地规划控制的通知
青岛	青岛市轨道交通土地资源开发利用管理办法
青岛	青岛市轨道交通条例
青岛	关于进一步加强土地储备管理工作的意见
厦门	厦门经济特区轨道交通条例
厦门	厦门市人民政府办公厅关于印发岛内大提升岛外大发展交通提升三年行动方案的通知
厦门	厦门市人民政府办公厅关于印发地下空间开发利用办法的通知
厦门	厦门市深化轨道交通沿线开发建设投融资体制改革实施意见
上海	上海市轨道交通管理条例
上海	关于推进本市轨道交通场站及周边土地综合开发利用的实施意见
上海	关于加强容积率管理全面推进土地资源高质量利用的实施细则
上海	关于加快实施本市轨道交通车辆基地及周边土地综合开发利用的意见
绍兴	绍兴市人民政府办公室关于明确绍兴市轨道交通建设指挥部成员及职责的通知
绍兴	绍兴市城市轨道交通管理条例
深圳	深圳市轨道交通条例征求意见稿及起草说明
深圳	深圳市土地管理制度改革总体方案

续表

城市	文本名称
深圳	深圳市人民政府关于完善国有土地供应管理的若干意见
深圳	深圳市轨道交通项目建设管理规定
深圳	深圳市地下空间开发利用管理办法
深圳	深圳市地铁空间综合开发与登记暂行办法
深圳	深圳市国有土地使用权作价出资暂行办法
沈阳	沈阳市人民政府关于设立快速轨道交通项目建设专项资金的通知
沈阳	沈阳市发布轨道交通管理条例
沈阳	沈阳市地铁建设与运营管理条例
石家庄	石家庄市轨道交通土地收购储备实施意见
石家庄	石家庄市轨道交通建设管理办法
苏州	关于加快推进苏州市轨道交通场站及周边土地综合开发利用的实施意见的通知
苏州	苏州市地下（地上）空间建设用地使用权利用和登记暂行办法
太原	太原市地下空间国有建设用地使用权管理暂行办法
太原	太原市城市轨道交通运营管理办法
天津	天津市轨道交通管理规定
天津	关于简化优化轨道交通项目联合审批流程的实施方案
天津	关于落实进一步加强城市轨道交通规划建设管理重点任务工作方案的通知
天津	推进天津轨道交通场站及周边土地综合开发利用实施意见（试行）
温州	温州市城市轨道交通管理办法

续表

城市	文本名称
温州	温州市人民政府办公室关于轨道交通沿线土地综合开发的实施意见
温州	温州市"十四五"城市轨道交通TOD整体发展专项规划
乌鲁木齐	乌鲁木齐市轨道交通管理条例
无锡	无锡市地下空间商业开发国有建设用地使用权审批和登记办法（试行）的通知
无锡	无锡市轨道交通条例
无锡	关于推进轨道交通场站及周边土地综合开发的实施意见
芜湖	芜湖市轨道交通管理办法
武汉	关于加强轨道交通场站及周边土地综合开发利用工作的通知
武汉	关于进一步加强新城区地铁小镇土地资源统筹管理的通知
西安	西安轨道交通与城市融合设计导则
西安	西安市城市轨道交通条例
西安	西安市轨道交通用地综合开发规划和土地供应暂行规定（试行）
徐州	徐州市轨道交通条例
长春	长春市轨道交通管理条例
长沙	长沙市轨道交通管理条例
郑州	关于印发郑州市轨道交通段（场）及沿线站点毗邻区域土地综合开发建设导则（试行）的通知
郑州	关于印发郑州市城乡地下空间开发利用管理暂行规定的通知
郑州	关于印发郑州市轨道交通运营服务成本规制办法（试行）的通知

续表

城市	文本名称
郑州	关于印发郑州市轨道交通段（场）及站点上盖物业综合开发控制性详细规划编制细则（试行）的通知
郑州	郑州市城市轨道交通场站及周边土地综合开发实施管理办法
郑州	郑州市人民政府关于郑州市推进公交场站综合开发的实施意见
重庆	重庆市轨道交通条例
重庆	关于推进主城都市区城市轨道交通土地综合开发的实施意见(征求意见稿）意见的通知
重庆	关于推进主城都市区城重庆市轨道交通区域综合开发的实施意见（试行）
重庆	重庆市人民政府办公厅关于印发支持交通强市建设若干政策措施的通知

附录二 成都市主要城市轨道交通 TOD 站点建设情况

成都市目前规划的城市级站点共计 16 个，其中首批城市级 TOD 示范项目有 1 个，为三岔 TOD 站点。片区级站点规划共计 45 个，首批片区级 TOD 示范项目有 4 个。组团级站点共 125 个，首批组团级 TOD 示范项目有 5 个。一般站点规划共计 528 个，首批一般站点示范项目共有 6 个。本附录在此共选取了 9 个包括城市级、片区级、组团级和一般站点的典型 TOD 项目进行介绍。

（一）三岔 TOD 站点

三岔 TOD 位于成都市东部新区空港新城地铁 18 号线三岔站出口，隶属于成都市简阳市三岔街道，是成都市首个也是唯一一个城市级 TOD 项目。地铁站至 TOD 中心步行时间约 5 分钟。该站点目前只有地铁 18 号线（火车南站-天府机场北）与 5 条公交线路东 11 路（地铁三岔站—国宁花园）、东 12 路（地铁三岔站-绛溪社区）、东 13 路（地铁三岔站—空港新城政务服务中心）、东 14 路（地铁三岔站—街邻村路口）、东 23 路（地铁三岔站—地铁天府机场北站）和一条旅游专线（地铁三岔站—龙泉山城市森林公园丹景台旅游集散中心）接驳交通，未来将成为 24 号线与 18 号线的换乘枢纽。三岔 TOD 依托便利的地铁市域快线以及天府国际机场两大重点交通基础设施，打造东部新区多产融合效能区，成为东部新区产业发展新支点；塑造学研复合型都市创新区，成为国际学研新高地；以“公园城市+立体高校”为开发目标，成为未来城市新典范。

1. 站点周边配套

三岔TOD紧邻三岔湖风景区、绛溪河生态区和龙泉山城市森林公园;依托占地约27万平方千米的绿地环境,打造开放共生的生态结构,最终形成“山外有城、开门见绿”的优质生态环境。此外,该项目规划了三级条形公园:一级条形公园伸入产业功能区内部,联系起核心区的中心公园;二级条形公园深入新型城镇内部,串联起就业地和生活地;三级条形公园串联起小游园、微绿地、口袋公园。另外配备运动场馆奥体中心,其未来将成为远期夏季奥运会规划场馆。在教育配套方面,该项目规划建设成都市实验小学、四川大学附属实验小学东部新区分校、成都七中东部新区校区、成都东部新区三岔湖高级中学、西南交通大学(智慧城市与轨道交通学院)、成都轨道交通职业学院、成都体育学院、中国民航飞行学院天府校区。

在医疗方面,由四川大学华西医院东部新区与成都东部新区第三人民医院提供医疗服务。

2. 站点开发模式

三岔TOD项目采取政府主导下的单一形态开发模式。首先由政府分地块拍卖土地,再分别由城市轨道交通集团出资成立的“高新三岔轨道城市发展有限公司”以及“东部新区林栖轨道城市发展有限公司”竞得。两家公司共同成立“三岔TOD开发商”平台公司进行楼盘售卖。项目具体建设落实由华西建工集团承建。物业管理由城市轨道交通集团和万科云空间科技服务公司成立的“轨道万科物业”提供。三岔TOD首开地块位于高新区三岔镇高厂村二组、板桥村五组、花厂村三组,并于 2019 年 12 月 26 日由成都高新区三岔轨道城市发展有限公司以底价 69 758.95 万元竞得楼面价 2 310 元/平方米；出让年限住宅用地 70 年、商服用地 40 年，出让总用地面积为 98 486.07 平方米，建设用地面积 98 486.07 平方米，容积率 3.07，起始价 69 758.95 万元。二号宗地位于东部新区三岔街道板桥村 14、15 组，总面积为 92.470 4 亩。2021 年 1 月 13 日，成都东部新区林栖轨道城市发展有限公司以底价 3 404 元/平方米竞得该地块，以用作住宅兼商业用地（兼容商业面积不大于计入容积率的建筑面积的 10%）并且被要求在地块 4 内须配建幼儿园 1 处（班数不小于 12 个班）。总计容建筑面积限制在 61 650 平方米与 166 450 平方米之间。

3. 站点规划

目前三岔 TOD 仅开盘售卖“三岔 TOD · 蔚澜之城”（2021 年 12 月 12 日正式开盘）户型共有 4 种（见表），三岔 TOD · 蔚澜之城售价为 13 826～16 679 元/平方米，当前去化率在 80%以上。楼盘一期占地 82.8 亩（含四、五、六号地块），绿地率约为 30%，容积率 2.5，配备停车位约 670 个。每套面积区间为 131～191 平方米，装修标准为 2 999 元/平方米。未来计划在二层商铺区域打造空中廊道，通过步行的方式实现从居住区到学校和商业区的出行需求。三岔 TOD 规划用地约 573 亩，总建筑面积超过 122 万平方米，其中商业建筑面积占比近七成，达 81.85 万平方米。西部金融创新中心距离 TOD 约 500 米，总投资高达 38 亿，可承载约 6 000 人规模的产业人群；规划了金融总部企业办公区、金融服务企业聚集区、项目中央聚集区、商业服务中心、未来设计艺术中心，为周边地区提供了高品质的商业配套。

附表2 三岔TOD站点住宅项目情况

户型	栋数	套数
A	一栋	30套
B	四栋	128套
C	两栋	150套 （131平方米50套+147平方米100套）

三岔站作为目前唯一的城市级TOD项目，其所依托交通体系通达性较高，交通方式多样，发挥立体化布局公交枢纽；借助其高品质的商业配套，打造商业、文化以及产业中心；借助良好的自然资源条件以及天府国际机场这一重要交通枢纽，项目站点配套功能齐全，服务范围较广，为成都东部地区打造新的增长极，项目规划符合开发定位。

（二）陆肖TOD站点

陆肖站TOD项目位于高新区中和片区，地处中柏大道东西侧、中和一线南北侧片区，西靠大源CBD，南接新川科技园，项目一体化设计范围为118公顷（约1 771亩）。陆肖站为片区级TOD站点，以居住为主；通过地铁6号线以及22号线联动周边4个站点，形成15分钟“健康活力圈”“医疗服务圈”“全龄教育圈”。按照规划，到2035年，整个片区将拥有5线8站的轨道交通线网覆盖。

1. 站点周边配套

在项目西侧，规划设置了活力办公区和高端商务办公区，紧邻的文化区将分配展览馆、文化馆、美术馆、艺术中心等文化设施。在文化区的西南方向，还将设置领馆区。南侧则是复合配套功能区，将集中配置学校、社区、养老设施等。项目东侧，是成都高新体育中心。成都高新区体育中心是大运会场馆中的大型甲级体育馆。项目周边包括两个公园，其一是生态公园，其二为体育公园，其中体育公园由高投修建，项目绿地面积约为30%~35%。除此之外，项目规划范围内拟建设幼儿园小学中学合成一体的学校，目前学校暂未引进品牌，是否有合作方尚不清楚；项目包含TOD社区医院。

2. 站点开发模式

陆肖站由成都轨道交通集团有限公司与高新投资集团有效公司成立平台公司——成都市高新区陆肖轨道城市发展有限公司，采取独立开发的方式进行TOD综合开发。两宗地均由成都高新区陆肖轨道城市发展有限公司即平台公司，按底价成功竞得。其中，一号宗地，高新区中柏大道东侧、中和一线南、北侧，净用地面积206.266 5亩，起拍楼面地价：6 592元/平方米，底价成交，成交总价19.65亿元；二号宗地，高新区中柏大道西侧、中和一线南、北侧，净用地面积199.554 5亩，起拍楼面地价：3 334元/平方米，底价成交，成交总价16.67亿元，以改善型住房为主。

3. 站点规划

陆肖站一体化城市设计用地范围1 030亩，总建筑面积约208万平方米，其中住宅52亩6栋，坐北朝南对中庭，120平及140平两种户型目前已经全部售罄。1栋187平方米大平层30层，售价在2.9~3万每平方米。一期容积率为1.8，二期为2.5，三期为2.0，平均容积率为2.17。楼间距70米以上，项目整体1 000多套，剩余50多套，去化率为95%左右。项目建设地下慢性通道，各个功能组团的地下全部由公共步行系统联通，通过分散布置的下沉公园，与地面慢行系统立体相连，并通过公共通道直接连接地上建筑。地下分为了多层，最底层是地铁站台，中间层为步行公共通道，里面还拓展了商业购物休闲等功能，下沉式广场与地铁站连接，步行距离在700米左右，与地铁接驳。

（三）新津TOD站点

新津TOD站点位于成都市新津区大件南段与青瓷路交叉路口，背靠牧马山、毗邻杨柳河；九环线、大香格里拉等多条国际旅游线路交汇于此；是成都首批14个TOD示范项目仅有的四个片区级TOD之一，能级定位高。其开发理念和模式对标日本东京理想的居住地——二子玉川站，秉承站城一体，复合开发的模式，围绕TOD打造城市新中心。在交通上，站点内形成了两横三纵三轨双机场的三维立体式交通。两横分别是直接连接天府新区的武汉路和天新邛快速路。其中武汉路双向八车道，25分钟可达秦皇寺中央商务区、35分钟到达金融城；三纵分别为大件路、京昆高速、剑南大道，立体交通畅达全城；三轨即地铁10号线，轻轨S8号线，成绵乐高铁，地铁10号线仅需5个站点就可到达双流国际机场，未来可直达人民公园，S8城际快铁无缝衔接天府中央商务区，成绵乐高铁20分钟可到达成都南站和成都东站，通达全国各地。该站点复合地铁高铁，接驳国道高速；另外，有高铁加持，成为唯一的三轨合一的TOD，具备成为辐射省域的超级TOD的潜力。

1. 站点周边配套

新津TOD站点以城园相融的理念打造“500米见园，300米见绿”的居住环境；周边环绕杨柳河生态带。同时，教育配套优势突出，配有从幼儿园到大学的一站式教育服务：幼儿园8所，学位2 046个；小学7所，学位5 830个；初中4所，学位3 480个；高中1所，学位

1 200 个。学校生源 90%以上来自新津区外。教育资源质量良好，教育品牌优势突出，以良好的教育资源聚势形成对大成都育儿家庭的较强吸引力。

2. 站点开发模式

新津 TOD 站点采取股权开发模式，参与主体为新津区政府、城市轨道交通集团以及旭辉集团。2020 年 12 月 4 日，旭辉集团通过西南联交所公开交易，最终以 42 271.38 万元的价格获得并持有新津轨道城市发展有限公司 66%的股权。

3. 站点规划

新津 TOD 站点涉及 6 宗土地，均位于新津站 TOD 核心区，总建筑面积 55 万平米。其中，商业用地 2 宗，面积约 103 亩，容积率分别为 2.6 和 2.5，其建筑面积约 18 万平米，为新津站 TOD 片区提供总部办公、高端商务等产业综合配套。在住宅开发上，首批次住宅为 2 梯 4 户 18 层以及 3 梯 6 户 26 层，以精装为主，总户数达 3 372 户。住房建筑面积 511 492 平方米；住宅区绿化率为 35%，容积率 2.5，去化率已达到 85%。站点内拥有园林入口广场、中庭组团景观、慢行系统、BLOCK 特色街区等场景。由旭辉独有的永升铂悦管家提供物业服务。

4. 商业及办公

新津 TOD 站点打造“TOD+5G”公园城市社区，布局“数字商务+场景消费”和“数字创意+科技”产业板块，引入“物理+数字”双开发模式，策划承载 5G 场景的城市底板，导入数字商务和数字创意产业，打造新商贸核心区。未来将通过综合体商业+网红 BLOCK 商街开创商业购物新体验，拥有沉浸式购物商街、BLOCK 时尚街区、旭辉里邻里商业、TOD 复合商业综合体。新津站 TOD 项目享有良好的区位条件，站内多维交通构建立体化布局交通枢纽，在提供基本的居住服务之外，打造特色鲜明的商业街区，配套高质量教育服务，对周边地区吸引带动作用较强。

（四）梓潼宫 TOD 站

梓潼宫站 TOD 项目位于郫都区，北靠沙西线、南临红光大道，一体化设计范围 3 015 亩，综合开发面积约 349 亩，其中一期为 42 亩，通过下沉式广场直达 6 号线。梓潼宫站是组团级 TOD 站点，定位为“TOD + POD”模式，旨在形成功能复合、绿色空间交融的宜居活力公园新社区，打造出 15 分钟生活服务圈，并通过 6 号线连接其他市区，未来规划中还会有 28 号线交汇于此。

1. 站点周边配套

在医疗方面，有新建的三六三医院；在教育资源方面，涵盖了从幼儿园到大学全周期的教育资源供给：有 6 个公立幼儿园、犀浦小学、郫都四中、成都外国语学校以及西南交通大学犀浦校区。在绿地、公园等方面，项目内部的绿化率达 42%，拥有 8 800 平方米的中庭景观。该项目还串联起了 3 个城市公园、4 个社区公园，附近在建的公园有犀浦体育公园、梓潼公园、天府艺术公园等，还规划有安靖湖等其他多处公园。

2. 站点开发模式

梓潼宫 TOD 由成都轨道城市投资集团有限公司（1 020 万，51%）和成都市郫都区国有资产投资经营公司（980 万，49%）所投资成立的成都郫都区梓潼轨道城市发展公司进行独立开发。一期的宗地位于郫都区犀浦镇梓潼村二社、五社、五粮村四社，净用地面积为 30 834 平方米，合 46.251 9 亩，由成都郫都区梓潼轨道城市发展有限公司于 2019 年 5 月以 5 055 元/平方米的底价竞得，成交总价 28 243.528 530 万元。一体化设计的二期宗地位于郫都区犀浦镇梓潼社区梓潼村 1、2 社，出让面积 79.311 4 亩，土地用途为纯住宅用地，容积率 1.5。起拍楼面地价为 6 620 元/平方米，起拍总价为 52 504.12 万元，由成都郫都区梓橦轨道城市发展有限公司以底价竞得。

3. 站点规划

梓潼宫 TOD 一体化设计范围 3 015 亩，项目名为梓潼四季，综合开发面积约 349 亩，其中一期占地 42 亩，共有 6 栋住宅，总建筑面积为 81 046 平方米。综合开发地块由 1 栋独立商业、2 栋洋房、3 栋中高层组成。项目内最大楼间距为 160 米，最小楼间距为 64 米。项目一期共 412 户，当前去化率为 95%左右，容积率为 2.0。住房主要为偏改善型，共有 9 种户型，建筑面积在 102~154 平方米，售价 16 584 元/平方米起，内设地下停车场，配 610 个停车位。梓潼宫 TOD 项目设置了独立商业，目前正在招商；项目周边邻近地区还有四季城商业广场、百伦广场和润扬双铁广场、爱琴海购物中心等。

（五）行政学院 TOD 站点

行政学院站 TOD 位于龙泉驿区，紧邻地铁 2 号线与 9 号线（在建）换乘枢纽站；东临环城生态带、西近绿地 468、南邻三圣花乡旅游区。整体研究范围 2 826 公顷（约 42 390 亩）、一体化设计范围 63 公顷（947 亩）。站点等级为组团级。除此之外，公交方面在 TOD 定义的步行时间区间内，有 218 路、223a 路、223 路、455 路、854A 路、854 路、856 路、891 路、G856 路、L029 路等（步行 100 米）。同时依托项目，在项目 TOD 步行范围内丰富的慢行网络，支撑片区成为最佳的慢行单元，融入整个市域范围内的综合交通系统，实现“公车+地铁+慢行”（BMW，Bus+Metro+Walk）的绿色出行体系。

行政学院站 TOD 总体定位为东部乐活城、产城新典范、花园综合体，规划站城一体、城园一体、产城一体，形成“一核、一心两轴三组团”。其中，“一核”为行政学院站核，“一心”为公园绿心，“两轴”为东西城市轴、南北活力轴，“三组团”为宜居组团。同时在行政学院 TOD 的发展中，规划引入科创、商业服务多元化产业，复合叠加、高效混合多种功能。

1. 站点周边配套

医疗资源方面，站点周围有四川大学华西第二医院、成都锦江大观医院、成都市第一人民医院联盟医院、成都一六七医院。教育方面，其直线距离 3 公里范围内有 49 个幼儿园；有 14 个小学，如成都市盐道街小学（528 校区）、四川师范大学附属上东小学、锦江外国语小学、天鹅湖小学、三圣小学等有 8 个中学，如成都树德中学外国语校区、成都七中育才学校（银杏校区）、成都市龙泉驿区青苗学校（成都校区）、成都市龙泉驿区洪河中学校、龙泉第八中学等。生态资源开发方面，该项目以首位公园社区高标准构建生态区、绿道、公园、小游园、微绿地五级城市绿化体系；有机结合城市本底，形成星罗棋布，纵横交错的多级绿色网络，综合绿化率达 45%，其构筑体现东进人文特色多元素生态场景，充分利用三圣花乡旅游度假区、白鹭湾湿地公园、玉石湿地公园等等设施群落。

2. 站点开发模式

该站点采用合作开发模式，由成都轨道城市发展集团有限公司、万科、美的三方共同开发，行政学院 TOD 项目用地是由成都轨道城市发展集团有限公司于 2019 年 3 月 5 日以成交总价 272 697.789/万元拍得，竞得龙泉驿区大面街道驿都大道以南、行政学院以东地皮，其起始楼面价为 8 370 元/平方米，成交楼面价 8 370 元/平方米同时将竞拍所得宗地划属其子公司——成都龙泉驿区行政南轨道城市发展有限公司。2020 年 7 月 31 日，成都龙泉驿区行政南轨道城市发展有限公司就 66%股权进行竞拍，其挂牌起始价 20 418.981 万元。该次股权拍卖，最后的由万科通过竞拍，以 74 568.981 万元公开竞得成都龙泉驿区行政南轨道城市发展有限公司 66%股，其溢价率高达 265.2%。土地开发由万科负责，修建住宅，并负责引入商业，承担物业等服务，同时美的集团在此过程中通过一定资金的投入获得少量股权。

3. 站点规划

行政学院 TOD 即万科高线公园项目站点一体化设计范围 63 公顷，约 947 亩，其建设用地 221 亩，公园配套 61.5 亩，以及公建配套 16.5 亩，其楼间距在 20~30 米，采取南北通透，版式结构，为 17 层的小高层住户，总共约 200 余户，定位为改善型住房。停车位数量为 1.1 比 1.2 左右，其计算容积率为 2.305 1，去化率为 100%。目前在售有两种户型：面积分别为 166 平方米、188 平方米，目前价格约在 430 万 580 万。商业方面，周边配套绿地 468、伊藤广场、华熙 Live528、卓锦曼购广场、创意山、世茂广场与龙湖天街（在建）。行政学院 TOD 作为成都东进战略的关键节点，充分利用当地优势，吸引产业与人口，推动城市规模向东部扩张。项目内部形成连接紧密、通行高效的慢行系统，提升日常出行效率，满足居民多样化需求。

（六）龙潭寺东 TOD 站点

龙潭寺东站TOD综合开发项目位于成都市成华区龙潭街道桂林社区，南靠龙潭总部经济城，西临北湖公园。TOD规划范围涵盖龙潭寺东站、龙潭寺西站，一体化设计范围 3 173 亩，是成都市区规划的最大的TOD。龙潭寺东站点等级为社区级，为地铁8号线（在建）和S12号线（远期规划）的换乘站点。按照“文旅成华荟萃城、公园城市乐活区”的总体目标规划建设。龙潭寺东站按照“两核、一心、六区、三轴”的规划结构进行开发。两核指文化主题服务核、创意办公商业核。“一心”指 TOD 综合中心区。“六区”指宜居生活社区。“三轴”指一空间景观轴、两条城市发展轴。目前，龙潭寺东地铁站尚处在建设阶段，暂无轨道交通线到达，共有14条公交线路进行接驳：20路（北湖公交站—红星路蜀都大道口）、60路（五龙山公交站—十陵公交站）、86路（北湖公交站—火车北站公交站）、87路（昭觉寺公交站—龙潭工业园公交站）、112路（北湖公交站—合江亭）、204路（龙潭工业园公交站—龙潭工业园公交站）、305路（十里店公交站—桂林新居）、349路（十里店公交站—湖秀一路口）、607路（十里店公交站—青白江区综合枢纽站）、654路（十里店公交站—石板滩客运站）、659路（十里店公交站—新都客运枢纽站）、662路（地铁二仙桥站—长林小区）、1133路（湖秀一路口—湖秀一路口）、G171路（华甸路成康路口—华甸路成康路口）。

1. 站点周边配套

龙潭寺东TOD致力于通过绿色生态区构建不同等级的城市公共绿

地，营造丰富的休憩场所，形成舒适的生活环境。同时辅之以立体慢行系统，连接各级商业设施、商务办公、公共服务设施，形成连续通畅、环境良好的立体慢行公共空间；围绕文化馆、体育馆有机串联公园绿地，社区绿地，通过加强慢行网络与城市生活、公共空间的有机融合，构建慢行体系主导下的“产、城、站、绿”共生的城市发展框架；此外周边配有北湖熊猫国际旅游休闲区，龙潭湖湿地（793 亩），以及在建的 TOD 配套公园。教育方面，现有成都市第三十幼儿园、成都市桂林小学、成都三十八中、未来随着 TOD 建设的完善，还将完善配套幼儿园，小学，中学。医疗卫生方面，现有成都市第七人民医院以及成都市第二人民医院。

2. 站点开发模式

龙潭寺东 TOD 开发模式为政府主导下的单一形态开发模式，首先由政府分地块拍卖土地，然后分别由城市轨道交通集团出资成立的“成都成华区龙桂轨道城市发展有限公司”以及“成都成华区同桂轨道城市发展有限公司”竞得，成立“龙潭寺 TOD 开发商”进行楼盘售卖，楼盘名称为龙潭寺 TOD · 龙潭九章。2019 年 12 月 30 日，成都成华区龙桂轨道城市发展有限公司、成都成华区同桂轨道城市发展有限公司以 6 080 元/平方米的底价拍下净用地面积分别为 155.606 3 亩、168.908 5 亩的两块宗地，并率先进行开发。2021 年 1 月 21 日，成都成华区桂莘轨道城市发展有限公司以 10 598 元/平方米的价格拍下位于成华区龙潭街道同乐社区 12 组、桂林社区 3 组、桂林社区集体的住宅兼商业用地共 57.43 亩。

3. 站点规划

TOD · 龙潭九章主要以住宅区为主，兼有商业区，房间户型多为大平层改善型住房，车位比为1：1.5，去化率为80%，绿化率为42%，容积率为2.0。地铁站步行至一期二期住宅区约5~10分钟，三期四期住宅为地铁上盖。地铁站未来建设有下沉式商业广场约47万平方米。

TOD·龙潭九章在售房现有3种户型，为C型141平方米、D型134平方米、E型119平方米，共计246套。房屋售价为16 000~17 000元/平方米。整个地块呈围合式布局，项目楼间距达220米。小区园林整体景观以现代中式风格打造，以“园居雅集”为主题，采用古代文人画中的居游场景为设计理念，以“一轴一环三园”为主线，倡导步行出行的方式，满足住宅的改善型需求。龙潭寺TOD周边有建设路、理工大、杉板桥、万象城等成熟商圈，星悦广场、华宇旭辉锦绣广场、中铁建广场、招商花园城 city、龙湖滨江天街，万科天荟城市广场等知名商圈，TOD内部商业正在建设过程中。

（七）崔家店TOD站

崔家店TOD项目位于成都市成华区东中环、主城核心区，定位为离市中心最近的TOD，旨在打造成都地铁一体化青年M族轻奢社区；通过轨道交通结合区域丰富的城市功能配套资源，融合“轨道交通+商业配套+生活住宅+公园社区”的新模式，致力于打造集精品邻里商业、教育办公以及配套住宅为一体的TOD综合体，枢纽串联资源带来全新的城市生活方式，更新中环城市界面，引领东中环都市封面生活。其周边公交线路主要包括：地铁槐树店站（D口）（456路），地铁槐树店站（5路、97路、101路、237路、260路、297路、夜间15路）；地铁周边线路主要包括：槐树店（地铁4号线；地铁7号线）；双店路（地铁7号线）。崔家店TOD为地铁上盖项目，为了确保较少生活噪音污染的产生，该项目将整体建筑群向上抬高 6 米，将第一层作为停车区域。

1. 站点周边配套

在项目周边有颇具成都特色的塔子山公园、多宝寺公园、新华公园、东郊记忆等文娱公园，同时，十里风和 TOD 位于槐树店公园范围内，其周围教育资源主要包括：幼儿园金苹果蒙特梭利幼稚园、成华区杨柳幼儿园、中小学成华实验小学、成华小学（锦绣校区）、四十九中树德成华中学（东校区）、双庆中学（万年校区）等，医疗资源主要包括：四川大学华西医院双向转诊社区联盟（长融街 47 号附近）；成都市成华区第六人民医院（康穗养老中心）（成都市成华区槐柳四路 11 号）。同时，其周边拥有成都市农村商业银行（杨柳分理处）（四川省成都市成华区成洛大道槐树店路 18 号）、中国建设银行 24 小时自助银行服务（槐树店路店）（槐树店路 31 号附 11 号）等银行，在休闲娱乐购物方面，其周边拥有综合商场万象城、万科城市广场、龙湖天街、东郊记忆商圈、奥园广场、成都理工大学商圈等。

2. 站点开发模式

崔家店 TOD，又名中环 TOD 十里风和，由成都轨道交通集团有限公司承建开发，万科物业作为其物业支持，采取销售外包的方式进行售卖。该宗地块采取“设置最高限价+竞配建并无偿移交统筹住房面积比例”的方式进行拍卖。竞得人须配建建筑面积不小于 800 平方米的社区用房 1 处。该宗地位于成华区槐树店路 26 号，宗地北侧为成洛大道，南侧为槐荫路，与鲁能城一街之隔。地铁 4 号线和地铁 7 号线的换乘站——槐树店站与宗地相距约 640 米。净用地面积 66.05 万亩，土地用途为纯住宅，可开发体量为 8.81 万平方米，起拍总价为 131 215.36

万元，起始楼面地价为 14 900 元/平方米。

3. 站点规划

崔家店 TOD 共占地约 112 亩，建筑面积 230 173 平方米，占地面积 74 502 平方米，其主要为纯住宅型开发，于 2020 年 4 月 16 日开工，目前处于粗装修及主楼外立面施工阶段，建成后将预计提供 465 套住宅。规划建设 3 栋高层、一共 607 套，楼层状况为洋房 7~10F，高层 27~32F，规划用户数 1 184，车位数 1 473 个，车位比 1∶1.24，地上车位数 880 个，地下车位数 593 个；容积率仅 1.98；住宅面积：56~197 平方米；绿化率 30.91%。2021 年 12 月 25 日项目开盘，交房时间 2023 年 06 月 30 日。目前大部分房型销售已空，去化率约 80%。该项目解决刚需的同时，提供改善型住房，且多偏改善型。该住宅区域主要由高层和花园洋房组成，其参考价格约 22 000 元/平方米。槐树店地铁站建成后距项目中心约 230 米，同时项目内部仅包含部分小型商业，如便利店等便民设施，另有一个大型商业广场在建。商业配套方面，该项目预计自带 4.8 万平方米商业区，包括 2 栋独立商业（业态有酒店、写字楼等）和高层住宅 1 层底商，但目前并未签约相关商户。

（九）万盛 TOD 站点

万盛站 TOD 位于成都市温江区海科路和学府路交汇处、已建轨道交通 4 号线西端终点站，为组团级站点项目。该项目一体化设计范围约 359 亩，是温江区唯一的 TOD 项目，目标是打造集商业、文化、消费为一体的全能综合体；不仅服务于成都市西部居民，还为从成都市西侧区、县进入成都市区的流动人口提供基本服务。在项目的规划中，地铁与商场负一楼衔接，通过地下通道、下沉式广场与地铁万盛站 A

口 D 口无缝接驳。地面上设置有公交线路连接地铁站与居住区。该项目将以 TOD 创新模式串联温江经济发展新脉络，以大健康产业链为核心，升级城市生态体系、融合城市综合功能、展现公园城市理念，实现人城境业的高度和谐统一，引领温江发展新契机。

1. 站点周边配套

站点周边有配套公立幼儿园、中学，由旭辉企业旗下教育品牌自办，幼儿园由隆基泰和提供；300 米内，7 所全龄儿童教育、3 公里范围内 5 所大学：西南财经大学、成都中医药大学、四川理工技师学院、成都交通职业技术学院、成都师范学院。此外，四川农业大学温江校区也在站点附近。周边公园主要为开发商规划的城市 TOD 公园。项目为大盘开发，依托 TOD 的发展潜力，整个大盘项目中规划有 2 个商业地块、3 个住宅地块以及 1 个城市 TOD 公园；根据星空、海洋、森林等元素打造，由凯盛上景（成都）景观规划设计有限公司主要负责开发，目前建设在售的为森林主题的地块。站点周边的医疗服务配套主要由一家三甲医院——成都市第五人民医院提供，与旭辉中心相距 3 个地铁站的距离。除此之外，在旭辉中心附近，由旭辉提供旗下品牌公寓以及地标建筑配套。

2. 站点开发模式

万盛站 TOD 项目开发商为成都温江鱼凫万盛轨道城市发展有限公司。该公司为成都轨道城市发展集团有限公司和成都温江区国投兴城投资有限公司分别出资 51%和 49%成立的国有企业，负责项目的总体开发。目前成都温江鱼凫万盛轨道城市发展有限公司 100%的股权已经以 5.9 亿的价格转让给旭辉全部持有。最终该项目由旭辉集团与恒基兆业地产合作开发。温江万盛地块被成都温江鱼凫万盛轨道城市发展有限公司以底价230万元/亩竞得，总价约9 987.24万元，溢价率0.00%。

3. 站点规划

该项目总建筑面积约 78.6 万平方米，住宅项目总占地面积为 58 254.02 平方米，总建筑面积为 209 920.49 平方米、住宅总面积为 145 288.55 平方米，容积率在 2.5 左右。目前在售业态为高层住宅 98 平方米、108 平方米、143 平方米户型；洋房 142 平方米、118 平方米、105 平方米户型，以及面积为 178~192 平方米的叠拼别墅。平均每户可拥有 1.2 个停车位用于私家车的停放。该住宅项目一期于 2021 年 12 月底开盘出售，总共 386 套可售。自开售以来住宅销量基本为温江区第一名，去化率估算为 87%。在小区内部设置有环小区的跑步道，并分为起跑区域和快跑区域。小区入口通道也有主题化打造。同时配有宅间花园、篮球场、儿童活动区域、下沉式会客厅、室外书吧、聚会场地等公共场所。目前规划商场负一层为 6 000 平方米左右的生鲜超市和旭辉特色美食街；一层、二层为快时尚品牌与汽车销售；三层主要开展亲子业态；四层、五层主要提供餐饮、电影服务。同时打造商场外部的商业街与商场内部的商业区域，使二者在营业时间上形成互补。主要趋向高校经济以及为照顾周边居民的消费需求，满足夜生活，形成多元化的业态。

参考文献

[1] Arum S P, Fukuda D. The impact of railway network son residential land values within transit-oriented development tareas[J]. Asian Transport Studies, 2020, 6: 100009.

[2] Baker S R, Bloom N, Davis S J. Measuring Economic Policy Uncertainty[J]. Quarterly Journal of Economics, 2016, 131（4）: 1593-1636.

[3] Boarnet M, Crane R. LA Story: A Reality Check for Transit-based Housing [J]. Journal of the American Planning Association, 1997, 63（2）: 189-204.

[4] Cervero R, Duncan M. Landvaluei mpactso frail transit servicesin LosAngeles County [R]. Report prepared for National Association of Realtors Urban Land Institute, 2002.

[5] Cervero R, Murakami J. Rail+Property Development: A Model of Sustainable Transit Finance and Urbanism [R]. Research Report, Institute of Urban and Regional Development, University of California at Berkeley, 2008.

[6] Cervero R. The Transit Metropolis: AGlobal In quiry[M].

Washington: Island Press, 1998.

[7] Dhindaw J, Kumaraswamy S K, Prakash S, etal. Synergizing Land Value Captureand Transit-Oriented Development: A Study of Bengaluru Metro[J]. 2021.

[8] DouletJ F, Delpirou A, Delaunay T. Taking advantage of a historic opportunity? A critical review of the literature on TOD in China[J]. Journal of transportandl and use, 2017, 10（1）: 77-92.

[9] Duncan M. The impact of transit-oriented development on housing prices in San Diego, CA[J]. Urban studies, 2011, 48（1）: 101-127.

[10] Lefaver S. Public Land with Private Partner ships for Transit Based Development[R]. California: The Mineta Transportation Institute, SanJose State University, 1997.

[11] Li J, Huang H. Effects of transit-oriented development（TOD）on housing prices: Acasestud yin Wuhan, China[J]. Researchin Transportation Economics, 2020, 80: 100813.

[12] Newman P, Kenworthy J, Glazebrook G. Peak Car Useand the Rise of Global Rail: Why This Is Happening and What It Means for Large and Small Cities[J]. Journal of Transp or tation Technologies, 2013, 3（4）: 272-287.

[13] Newman P, Kenworthy J. The End of Automobile Dependence: How Citiesare Moving Away from Car-Based Planning [M]. Is land Press, 2015.

[14] Peter Calthorpe. The Next American Metropolis-Ecology, Community, and the American Dream, Princeton Architecture Press, 49-76.

[15] Rothwell R, Zegveld W. Industrial Innovation and Public Policy:

Preparing for the 1980s and 1990s [M]. London: Frances Printer, 1981.

[16] Salvesen D. Promoting Transit Oriented Development [J]. Urban Land, 1996, 55（7）: 31-35, 87.

[17] Still T. Transit-oriented Development: Reshaping America's Metropolitan Landscape[J]. On Common Ground: REALTORS & Smart Growth, 2002, winter: 44-47.

[18] Thorsrud L A. Words are the New Numbers: A Newsy Coincident Index of Business Cycles [J]. Journal of Business & Economic Statistics, 2020, 38（2）: 393-409.

[19] Wang J, Samsura DAA, vander Krabben E. Institutional barrierst of inancing transit–oriented development in China: Analy zing in for mall and value capture strategies [J]. Transport Policy, 2019, 82: 1-10.

[20] Yang J, Chen J, Le X, et al. Density-oriented versus development-oriented transit investment: Decoding metro station location selection in Shenzhen [J]. Transport Policy, 2016, 51: 93-102.

[21] 陈莎，殷广涛，叶敏. TOD 内涵分析及实施框架[J]. 城市交通，2008，6（6）：57-63.

[22] 陈学武,安萌. 中国 TOD 发展模式的再探讨[J]. 交通工程. 2018，18（5），1-7.

[23] 陈燕萍. 城市交通问题的治本之路——公共交通社区与公共交通导向的城市土地利用形态[J]. 城市规划，2000，24（3）：10-14.

[24] 顾新，伏海艳. 以 TOD 理论指导东莞轨道交通与土地利用整合规划[C]. 广州：中国城市规划年会，2006.

[25] 何凡. 北京市轨道站域 TOD 发展成效评价方法[D]. 北京：北京工业大学，2018.

[26] 黄萃，任弢，张剑. 政策文献量化研究：公共政策研究的新方向[J]. 公共管理学报，2015，12（2）：129-137.

[27] 黄萃，吕立远. 文本分析方法在公共管理与公共政策研究中的应用[J]. 公共管理评论，2020，2（4）：156-175.

[28] 金鑫，张艳，陈燕萍，宋彦. 探索适合中国特征的 TOD 开发模式——以深圳市地铁深大站站点地区 TOD 开发为例[J]. 规划师，2011，27（10）：66-70.

[29] 李春香，宋彦，荣朝和. 论建立适合中国城市特征的 TOD 投融资模式[J]. 综合运输，2014（2）：22-28.

[30] 李森，邓卫，陈敬敏. TOD 成效影响分析与评价策略研究[J]. 道路交通与安全，2007（4）：28-31.

[31] 李珽，史懿亭，符文颖. TOD 概念的发展及其中国化[J]. 国际城市规划，2015，30（3）：72-77.

[32] 林艳，邓卫，葛亮. 以公共交通为导向的城市用地开发模式（TOD）研究[J]. 交通运输工程与信息学报，2004（4）：90-94.

[33] 刘泉，钱征寒，黄虎，黄丁芳. 未来城市智慧 TOD 的发展趋势思考——兼议 TOD 化与去 TOD 化之争[J]. 规划师. 2020，36（22），5-11.

[34] 马强. 近年来北美关于“TOD”的研究进展[J]. 国际城市规划，2009，24（S1）：227-232.

[35] 任春洋. 美国公共交通导向发展模式的理论发展脉络分析[J]. 国际城市规划，2010，25（4）：92-99.

[36] 任旭，白明. PPP+TOD 模式下城市轨道交通定位研究[J]. 铁道运

输与经济，2020，42（7）：109-114.

[37] 荣朝和，朱丹. 重庆沙坪坝站改造实现综合开发对铁路 TOD 的启示[J]. 北京交通大学学报（社会科学版），2022，21（1）：75-85.

[38] 邵娟，荣建. 北京市实施 TOD 的政策机制研究[J]. 交通工程，2017，10（5）：52-55.

[39] 王有为. 适于中国城市的 TOD 规划理论研究[J]. 城市交通，2016，14（6）：40-48.

[40] 吴纲立. 永续生态社区规划设计的理论与实践[M]. 台北：詹氏书局，2009.

[41] 谢青，田志龙. 创新政策如何推动我国新能源汽车产业的发展——基于政策工具与创新价值链的政策文本分析[J]. 科学学与科学技术管理，2015，36（6）：3-14.

[42] 薛磊，杨宇彤，姜殿斌. 轨道交通与土地一体化开发的盈利模式探讨[J]. 都市快轨道交通，2011，24（5）：14-17.

[43] 杨家文，段阳，乐晓辉. TOD 战略下的综合开发土地整备实践——以上海、深圳和东莞为例[J]. 国际城市规划，2020，35（4）：124-130.

[44] 张京祥，朱喜钢，刘荣增. 城市竞争力、城市经营与城市规划[J]. 城市规划，2002，26（8）：19-22.

[45] 张明. 适合中国城市特征的 TOD 规划设计原则[J]. 城市规划学刊，2007（1）：91-96.

[46] 张舒沁，边扬，李玲. 北京市 TOD 发展成效评价指标体系研究[J]. 交通工程，2020，20（3）：21-26.

[47] 张雅娴，苏竣. 技术创新政策工具及其在我国软件产业中的应用[J]. 科研管理，2001（4）：65-72.

[48] 赵浩宇. 香港 TOD 城市开发模式及其借鉴意义研究[J]. 四川建筑，2019，39（3）：65-67.

[49] 郑义. 北京城市轨道交通运营问题及对策研究[J]. 牡丹江大学学报，2022，31（3）：49-55.

新编21世纪市场营销系列教材

营销策划

第2版

连 漪 梁健爱 编著

Marketing Planning

中国人民大学出版社
·北京·